Sören Sieg

»Auch hier?«

Sören Sieg

»AUCH HIER?«

Völlig unnütze Fragen, die Sie niemals stellen sollten,
samt Antworten, die Sie niemals hören werden

HERDER

FREIBURG · BASEL · WIEN

HERDER spektrum Band 6680

MIX
Papier aus verantwor-
tungsvollen Quellen
FSC® C083411

Originalausgabe

© Verlag Herder GmbH, Freiburg im Breisgau 2014
Alle Rechte vorbehalten
www.herder.de

Umschlaggestaltung: Designbüro Gestaltungssaal
Umschlagmotiv: © shutterstock

Satz: Arnold & Domnick, Leipzig
Herstellung: CPI books GmbH, Leck

Printed in Germany

ISBN 978-3-451-06680-1

INHALT

WARUM SIE DIESES BUCH BRAUCHEN
Einleitung

»Hallo? Kannst du mich hören?
Hörst du mich noch? Hallo??«
*Im ICE zwischen Hannover und
Hamburg*

Möchten Sie das absolute Gedächtnis? Was fehlt Ihnen zum Glück? Welche Probleme löst die Ehe? Wie möchten Sie gern sterben?

Fragen können wundervoll sein. So wie diese von Max Frisch. Sie können einen ins Erzählen bringen, ins Schwärmen, ins Nachdenken. Sie können ins Herz treffen und das eigene Leben verändern. Es gibt ein ganzes Universum großartiger Fragen.

Eher ungünstig ist es dagegen, einen Übergewichtigen zu fragen, ob er es schon mal mit einer Diät probiert habe. Oder sich bei einem Sizilianer zu erkundigen, ob er Mitglied der Mafia sei. Oder seinen Hautarzt zu fragen, ob diese Tabletten nicht doch irgendwie gefährlich seien. Und ob man die auch wirklich nehmen müsse. Also: Die Tabletten, die er einem gerade verschrieben hat. Was soll der Arme denn antworten? *Ich liebe es einfach, wenn das Kortison Ihre Haut zerfrisst.* Oder: *Die Krankenkasse bezahlt mich dafür, dass ich die Medikamente mit den schlimmsten Nebenwirkungen verschreibe.* Oder: *Einnehmen ist nicht nötig. Es reicht, wenn die Pillen in Ihrem Schrank liegen.* Wenn nur solche Antworten möglich sind, dann wissen Sie: Ich habe ein blöde Frage gestellt.

Das Unheil will es, dass die Menschheit in zwei Gruppen zerfällt: Die einen stellen unnütze Fragen. Die andern sollen sie beantworten. Hochwüchsige, Vegetarier, Schotten oder Schauspieler werden ihr Leben lang mit denselben dämlichen Fragen traktiert. Arglos. Gedankenlos. Und vollkommen ohne böse Absicht. Menschen reagieren auf erschreckende Weise gleichförmig. Und gleichförmig unsinnig:

Was studierst du? – Blockflöte. – Kann man das studieren?

Und nun kommt das Problem: Es ist die Höflichkeit. Alle diese Befragten sind zu höflich, ihrem Gegenüber zu sagen, wie oft sie exakt diese Frage heute schon gestellt bekamen und wie zerrüttet ihre Nerven schon sind. Dass sie am liebsten selbstgemalte Schilder hochhalten oder weglaufen oder dem anderen eine reinhauen würden. Nein, sie bleiben freundlich. Und geben eine vorbereitete Erklärung ab. Sie retten die Situation, indem sie die Blödheit triumphieren lassen. So wird alles immer schlimmer.

Deshalb habe ich dieses Buch geschrieben. Es ist ein verzweifelter Versuch, die Welt zu einem besseren Ort zu machen. Ein Ort, an dem Vegetarier nicht mehr gefragt werden: *Aber Fisch essen Sie doch?*

Ich habe mich bei allen möglichen Menschen erkundigt, ob sie mit wiederkehrenden unnützen Fragen malträtiert werden – mit überraschendem Ergebnis. Manche kennen das Phänomen gar nicht. Lesben, Makler oder Katholiken werden äußerst selten mit dämlichen Fragen belästigt. Bei anderen ist es, als habe man den Deckel von einem Dampfkochtopf angehoben. Zwillingsmütter zum Beispiel: *Stillen Sie? – Ja. – Beide?*
Blöde Fragen lauern hinter jeder Ecke. Beim Bäcker. Im Hotel. Und im Ehebett. Ich fliege mit Ihnen einmal durch die Galaxie der Fettnäpfchen und helfe Ihnen, die Nerven der verschiedenen Frageopfer zu schonen: Tänzer und Türken, Schwangere und Schriftsteller, Künstler und Kletterer. Nutzen Sie die Chance. Sammeln Sie Punkte bei Ihren Mitmenschen, indem Sie sie mit einer klugen Frage überraschen. Oder einfach in Ruhe lassen. Glauben Sie, Oliver Kalkofe möchte unbedingt von Ihnen hören, wie Sie seine letzte Sendung fanden?

Es ist wunderbar, neue Menschen kennenzulernen. Und wenn Sie diese versammelten Missgriffe auslassen, haben Sie eine echte Chance dazu. Am Ende gebe ich Ihnen noch ein paar erprobte Tipps dazu. Und erkläre Ihnen, wie und woran Sie all die anderen unnützen Fragen erkennen, die ich in diesem Buch nicht behandeln konnte. Alles klar? Haben Sie mich verstanden? Hallo! Können Sie mich hören? Ich fahre gerade durch einen Tunnel ... Können Sie mich noch verstehen? Sind Sie noch dran???

WAR ICH GUT?
Flirten & Beziehung

ER: **Ich heiße Günter, und du?**
SIE: **Ich nicht.**

Das mit dem Europameister haut seit Berti Vogts einfach nicht mehr hin. Entweder verlieren wir gegen Italien oder gegen Spanien. Dafür sind wir in einer anderen Disziplin Europameister: im Flirten. Von außen mag es wie Gebrummel wirken, wie Schweigen, unhörbares In-sich-Hineinmurmeln oder besoffenes Von-der-Seite-Anrempeln. Tierforscher und Ethnologen haben aber in langjährigen Feldstudien im Pupasch, auf der Schinkenstraße und auf der AIDA, den drei beliebtesten deutschen Flirtbühnen, herausgefunden, dass deutsche Männer knallharte, jahrelang eingeübte Strategien verfolgen. Dumm nur, dass die Frauen das nicht wahrnehmen können. Vielleicht liegt es daran, dass sie währenddessen auf ihr iPhone starren. In der Liebe gibt es übrigens ein ehernes Gesetz: Wählen Sie niemals einen Partner, der einen anderen Smartphone-Typ benutzt als Sie. Das haut nicht hin. Fragen Sie als Erstes nach der genauen Gerätebezeichnung. Das ist besser als jeder Matching-Algorithmus von Parship oder Academic Partner. (Dort treffen Sie übrigens auf Susanne, 52, Dessousfachverkäuferin.)

Es ist harte Arbeit, zusammenzukommen. Danach wird es noch mehr Arbeit: Beziehungsarbeit, Gefühlsarbeit, Konfliktarbeit. Zum Glück. Lernen wir doch schon im Kleinkindalter durch Fischertechnik und Lego, dass Marx recht hatte und nur Arbeit glücklich macht. Werden bestimmte Kennziffern in der Liebesproduktion nicht erreicht, tritt der innere Controller auf den Plan und fragt unerbittlich nach: *Wie lange haben wir eigentlich nicht mehr miteinander geschlafen?* Ein unschlagbarer Verführungstrick. Denn auf die Frage folgt wilder, nicht enden wollender, schweißtreibender Sex. Fast immer. Manchmal geht auch der Langeweile-Airbag auf. Oder es folgt die beleidigte Gegenfrage: *Und wie lange hast du mir keine Blumen mehr mitgebracht?* Oder, noch gefährlicher: *Wo warst du eigentlich gestern Abend noch so spät?*

Fragen Sie niemals die Frau, die Sie anbaggern wollen:

AUCH HIER?

Frau mit Cocktail allein in einer Bar. Mann steht vom Tisch seines Kumpels auf und gesellt sich zu ihr.

ER *(lässig)*: Auch hier?

SIE: Nee.

ER *(erstaunt)*: Nein?

SIE: Nö. Ich hatte echt keinen Bock, von irgendeinem Lauch-typen von der Seite angequatscht zu werden.

ER: Ach.

SIE: Da bin ich lieber zu Hause geblieben.

ER *(irritiert)*: Verstehe.

Sie lächelt, schweigt und schlürft an ihrem Cocktail.

ER: Na dann ... bis denne!

Er geht wieder zurück zu seinem Kumpel.

ER: Irgendwie ist der Funke nicht übergesprungen.

KUMPEL: Du hättest sie fragen müssen, ob sie öfter herkommt.

ER: Meinst du?

KUMPEL: Auf hundert.

Es ist nicht einfach. Es ist wirklich nicht einfach. Zumindest, wenn man nicht aussieht wie Ryan Gosling. Umso wichtiger, dass Sie nicht mit einem Satz wie *Auch hier?, Allein hier?* oder *Kennen wir uns?* aufschlagen. Man könnte von einer tautologischen Frage sprechen. *Ein Kreis ist rund,* das ist eine Tautologie. Eine tautologische Frage ist irgendwie noch sinnloser. Nur aus bloßem Mitleid oder purer Verzweiflung wird die Frau überhaupt antworten. Nicht gerade schmeichelhaft für Sie.

Und hier ein paar Tipps und Tricks von Profis. Erstens: Es ist viel einfacher, Frauen in unverfänglichen Situationen anzusprechen, etwa im Öko-Supermarkt (»Ist Tofuwurst eigentlich laktosefrei?«), im Designer-Möbelladen (»Wie finden Sie dieses Kunstbüffelledersofa in mintgrün?«), in einer Galerie (»Erinnert Sie dies Bild auch an Malewitschs *Weißes Quadrat auf weißem Grund*? Oder eher an van Goghs *Kartoffelesser*?«) oder im Buchladen (»Haben Sie auch das merkwürdige Gefühl, dass Günter Grass gar nicht wirklich existiert?«). Nach meiner Erfahrung perfekt ist das Zugrestaurant: Immer überfüllt, immer schlechter Service. »Ich habe hier seit Uelzen keinen Kellner gesehen, und wir sind schon fast in Freiburg. Kann ich vielleicht einfach bei Ihnen bestellen?« Leichter kommen Sie nirgendwo ins Gespräch.

Gut, Sie wollen die Kneipe oder die Bar. Wenn Sie sehr schüchtern sind, können Sie Folgendes probieren: »Hi! Ich mache gerade eine Übung gegen meine Schüchternheit: In jeder Bar die attraktivste Frau des Abends anzusprechen. Vielen Dank, dass du mitgemacht hast.« Dann wenden Sie sich zum Gehen. Jede Zweite wird nachfragen, ob das stimmt.

Wenn Sie ziemlich selbstbewusst sind, probieren Sie es doch mit dem Trick aus *A beautiful mind*: »Also, wir beide wissen ja, wie es läuft: Ich spreche dich an, gebe dir ein paar Cocktails aus, wir gehen ins Kino, und dann bring ich dich nach Hause, damit wir irgendwann losknutschen. Können wir nicht beide so tun, als hätten wir das alles schon hinter uns und gleich mit dem Knutschen anfangen?«

Wenn Sie noch selbstbewusster sind, sagen Sie einfach: »Tolle Beine. Wann machen die auf?«

Okay. Ich seh's ein. Sie sehen nicht aus wie ein Surfer, auf den Klassenfesten hat kein Mädchen mit Ihnen getanzt und selbst bei bezahltem Telefonsex legen die Frauen am anderen Ende immer gleich auf. Dann kaufen Sie sich einfach das 3-DVD-Set *Flirten mit Rainer Brüderle*. Belegen Sie zwei Jahre einen Single-Tanzkurs Standard-Latein, also diese merkwürdigen Tänze, die nirgendwo getanzt werden – außer in diesen Tanzkursen. Und auf dem Abtanzball in den charismatischen Sälen der Handwerkskammer bringen Sie dann Brüderles bewährten Oberhammer: »Darf ich Ihnen meine Tanzkarte geben?«

Wenn das nicht hilft, weiß ich auch nicht.

Fragen Sie niemals eine Frau mit wunderschönen, langen Haaren:

WAREN DIE IMMER SCHON SO LANG? UND MACHT DAS VIEL ARBEIT?

Ein kurzhaariger Mann und eine Frau mit sehr langen Haaren sitzen sich im Zugrestaurant gegenüber.

KURZHAARIGER MANN: Oh, was für schöne Haare.

RAPUNZEL *(lächelt etwas verlegen)*: Danke.

KURZHAARIGER MANN: Waren die schon immer so lang?

RAPUNZEL: Klar.

KURZHAARIGER MANN: Echt?

RAPUNZEL: Schon in der Fruchtblase. Das hat meine Mutter ganz schön von innen gekitzelt.

KURZHAARIGER MANN: Äh, wie?

RAPUNZEL: Dafür war die Geburt total einfach. Die Hebamme hat mich einfach an den Haaren herausgezogen.

KURZHAARIGER MANN *(irritiert)*: Oje. Machen die eigentlich viel Arbeit?

RAPUNZEL: Arbeit? Was meinen Sie?

KURZHAARIGER MANN: Na ja, Waschen, Kämmen ... ich weiß nicht ...

RAPUNZEL: Ach was. Waschen tut nicht not. Und auf Kämmen steh ich gar nicht. Ich mag diesen verfilzten Reggae-Karibik-Look.

KURZHAARIGER MANN: Karibik-Look? Aber – die sehen doch gar nicht verfilzt aus! Keine Spur!

RAPUNZEL: Ach nein?

Vielleicht erinnern Sie sich an eine Sternstunde des deutschen Fernsehens: Katja Riemann zu Gast auf dem Roten Sofa bei Hinnerk Baumgarten in der NDR-Sendung *DAS!*. Riemann wollte ihren Kinofilm *Das Wochenende* vorstellen, aber Baumgarten stellte sie mit den Worten vor: »Sie erkennen sie sofort an ihren tollen blonden Locken. Heute werden Sie sie auch mit völlig anderen Haaren sehen: Katja Riemann!« Drei Minuten später sagte er: »Und da sitzen Sie auf dem Roten Sofa, und ich bin sehr, sehr froh, muss ich Ihnen gestehen, dass Sie Ihre blonden Locken haben ...«

Der Rest ist bekannt: Riemann konsterniert, Gespräch entgleitet, Shitstorm gegen Riemann, Facebook-Account geschlossen. Aber bevor jetzt alle über Katja Riemann lästern, stelle man sich die umgekehrte Situation vor: Richard David Precht sitzt auf dem Roten Sofa, um seinen neuen philosophischen Bestseller *Was soll das alles? Und warum?* vorzustellen, und Moderatorin Bettina Tietjen sagt: »Sie erkennen ihn sofort an seiner umwerfend erotischen Frisur: Richard David Precht!« Dabei geht mindestens die Hälfte seines Erfolgs auf seine tollen braunen Haare zurück.

Lange Haare sind ein Primärreiz. Man möchte darüber reden. Nur, die Frage »Waren die immer schon so lang?« ist etwa so intelligent wie: »Waren Sie immer schon so alt?« Es sagt nichts Gutes über ihren Durchschnitts-IQ, dass Männer so oft diese Frage stellen. Sie ist komplett sinnfrei. Die unvermeidliche Anschlussfrage »Machen die viel Arbeit?« ist kaum besser. Richtig lange Haare brauchen richtig, richtig lange, um gekämmt zu werden. Rechnen Sie mit dreimal mehr Zeit, als Sie vermuten. Es macht Spaß, es ist meditativ und erotisch, aber es dauert. 150.000 Haare hat eine Blondine durchschnittlich. Versuchen Sie mal auszurechnen, wie viele Kletten die miteinander bilden können. Und durch das bisher kaum erforschte Kämm-Paradox nimmt die Zahl der Kletten beim Kämmen nicht ab, sondern stetig zu. Deswegen ist es auch irgendwann nicht mehr meditativ und erst recht nicht erotisch: »Was machst du da? Du reißt mir alle Haare aus!«

Mögen die Haare noch so schön sein – machen Sie sich bitte klar: Es gibt nicht viel darüber zu reden. Wenn Sie damit anfangen, wird das Gespräch sehr schnell stocken und im Nichts enden. Ein Moment der Peinlichkeit, den nur wenige beim Flirten gewinnbringend nutzen können. Zweitens: Die Haare haben mit dem Rest der Frau nicht wirklich viel zu tun. Wenn nach 56 Filmen, 22 Preisen und drei CDs das Bemerkenswerteste an Katja Riemann ihre blonden Locken sein sollten, wäre es mit ihrer Schauspielkunst nicht weit her. Ich möchte das nicht ausschließen. Aber dann sollte man einfach eine bessere Schauspielerin einladen. Zum Beispiel Kate Winslet. Fragt sich nur, ob Kate Winslet sich mit Hinnerk Baumgarten unterhalten möchte.

Also, treffen Sie auf eine echte Rapunzel, dann sprechen Sie über etwas ganz anderes. (Bitte auch nicht über Rapunzel!) Und genießen Sie den Anblick. Rapunzel wird angenehm überrascht sein.

SAG MAL, HAB ICH EIGENTLICH ZUGENOMMEN?

Frau und Mann im Flur, im Aufbruch begriffen. Die Frau steht vorm Spiegel und betrachtet sich besorgt von allen Seiten.

SIE: Schatz, was meinst du – hab ich eigentlich zugenommen?

ER: Du kannst das vorm Spiegel vielleicht nicht so genau erkennen, aber als objektiver Außenstehender muss ich dir sagen: Du hast ganz schön zugelegt!

SIE: Wie bitte?!

ER: Du nimmst seit Jahren zu. Das sagst du doch selbst andauernd.

SIE: Ich habe gar nichts gesagt. Ich habe gefragt!

ER: Wie ein Hefekuchen. Schlimm ist das. Alle reden schon drüber.

SIE: Da ... äh ... wer denn?

ER: Alle! Was glaubst du, wie viele Arbeitskollegen mich auf der Weihnachtsfeier darauf angesprochen haben?

SIE: Dass ich zu dick bin?

ER: Dick ist noch untertrieben. Metzler hat dich als fette Wachtel bezeichnet. Glüsing sprach von einer Seekuh.

SIE: Glüsing? Der ist doch selber total dick!

ER: Dick? Im Vergleich zu dir ist er geradezu unterernährt.

SIE: Machst du Scherze? ICH BRING MICH UM!!!!

Es gibt eine Konstante in meinem Leben. Ich war nur mit Frauen zusammen, die schlank waren. Aber sich für dick hielten. Und immerzu darüber reden wollten. Wie gesagt, von außen konnte man diese angebliche Leibesfülle nicht erkennen. Aber die Frauen beharrten darauf. Lange hielt ich das für *fishing for compliments*, aber damit lag ich falsch. Frauen haben ein drittes Auge. Daher auch ihre Vorliebe für Religion, Spiritualität und Esoterik. Sie sehen überall Dinge, die es nicht gibt. So eben auch Übergewicht bei einem BMI von 21. Uns Männern fehlt dieses Gen, dieser Blick, diese Wahrnehmungsebene komplett. Deshalb fällt es uns auch schwer, ernsthaft mit Frauen über Astrologie, Bachblüten und Pendeltechniken zu diskutieren. Zumal wir ja nachher noch Sex mit ihnen haben wollen. »So sind wohl manche Sachen, die wir getrost verlachen, weil uns're Augen sie nicht sehn«, dichtete Matthias Claudius in *Der Mond ist aufgegangen*. Der Vergleich hinkt aber, weil man den (Neu-)Mond schon wenig später wieder sehen kann.

Das angebliche Übergewicht schlanker Frauen tritt schon deshalb niemals ein, weil die Frauen schon bei wenigen Gramm mehr in wochenlange *Brigitte*-Diäten verfallen oder sich einfach kurzerhand nur noch von linksdrehendem Joghurt und selbstgepflücktem Löwenzahn ernähren.

Hab ich eigentlich zugenommen? Es gibt darauf eigentlich nur drei Antworten. Und alle führen direkt in die Paartherapie:

1. »Nein, ich glaube nicht.« – »Du guckst überhaupt nicht hin! Ich bin dir vollkommen egal!«

2. »Ja, aber es macht mir nichts aus, du siehst trotzdem fantastisch aus.« – »Das sagst du nur so! In Wirklichkeit findest du mich potthässlich!«

3. »Woher soll ich das wissen? Guck doch einfach mal auf die Waage!« – »Sag mal, wie redest du eigentlich mit mir?«

Es hat keinen Sinn. Am besten tun Sie so, als hätten Sie Ohrstöpsel drin und die Frage gar nicht gehört. Oder Sie geben vor, Ihr Handy hätte gerade vibriert und die Uni München ruft an, um Sie auf den neuen C4-Lehrstuhl für islamistische Sexualwissenschaft zu berufen.

Tom Hodgkinson empfiehlt gegen Schmutz im Haushalt, das elektrische Licht gegen Kerzenschein auszutauschen. Ich empfehle gegen Gewichtsneurosen, die Herstellung, den Handel und den Einsatz von Personenwaagen zu ächten. Wir brauchen dringend eine dementsprechende Erweiterung der Haager Landkriegsordnung und der Genfer Menschenrechtskonvention.

Waagen machen depressiv. Depression macht dick. Dicke steigen dauernd auf die Waage. Also: Waagen machen dick. Bis wir das Verbot durchgesetzt haben, vernichten Sie einfach unauffällig alle Personenwaagen in Ihrem Umfeld.

Fragen Sie niemals nach dem Sex:

WIE BIN ICH EIGENTLICH SO ALS LIEBHABER?

Mann und Frau liegen in Löffelchenstellung nebeneinander im Bett.

ER: Und Hasi? War es schön für dich?

SIE: Wunderbar.

ER: Wunderbar?

SIE: Ja.

ER: Sag mal – wie bin ich denn eigentlich so als Liebhaber?

SIE *(seufzt)*: Ach Schatzl.

ER: Wie, ach Schatzl?

SIE: Möchtest du's wirklich wissen?

ER: Sonst hätte ich ja nicht gefragt!

SIE *(seufzt noch mehr)*: Ja, der Gustl.

ER: Wer ist Gustl?

SIE: Gustl. So'n Österreicher. Mit soo starken Armen ... oder der Paolo ...

ER: Paolo?

SIE: Ein Brasilianer ... diese süßen Locken ... diese vollen Lippen ... oder Ahmed ...

ER: Du hattest mal was mit einem Araber?

SIE: Jordanier. Man sagt, die bestaussehendsten Männer der Welt. Bronzefarbene Haut, ebenmäßige Gesichtszüge, gerade, klare, starke Nase ...

Er fasst sich irritiert an seine Nase.

ER: Aber ... was hat das denn mit eben zu tun?

SIE: Na weißt du, wenn der Paolo mich geküsst hat ... das war ... ich weiß nicht, wie er das gemacht hat, aber ...

Er rückt etwas von ihr ab, erbleicht.

SIE: Und Ahmed, der hatte eine Art, mit mir zu schlafen ... und mich dabei anzusehen ...

Ihm wird übel.

SIE: Und Gustl roch so gut ... und was der mit seiner Zunge anstellen konnte ... unerreicht ...

Sie dreht sich auf den Rücken und sieht schwärmerisch zur Decke, als wäre es der Sternenhimmel.

ER *(zerknirscht)*: Und ich? Wie bin ich denn so?

SIE *(blickt ihn abrupt an, als ob sie aus einem Traum erwacht)*: Ach Schatzl. Möchtest du das wirklich wissen?

Das ist das Schlimme: Wir wollen es wirklich wissen. Wenige Männer werden so naiv oder eitel sein, *war ich gut?* zu fragen, weil die Frage nach gefühlten tausend Comedy-Nummern darüber verbrannt ist. Deshalb werden wir eine unverfängliche Variante wählen: *Wie war es für dich? Wie bin ich denn so als Liebhaber? Bist du eigentlich mit mir zufrieden?* Oder auch nur: *Bist du eigentlich gekommen?* Wir haben uns rechtschaffen Mühe gegeben und wollen deshalb nachher hören, wie gut wir waren. Nämlich sehr gut. Wenn sie schon vergisst, es von selbst zu erwähnen.

Nur ist es so: Frauen fangen meist früher an mit sexueller Aktivität, sie haben früher als wir wechselnde Partner, sie haben mehr Vergleich. Und deshalb kommen wir an dieser Stelle zur ersten Grundregel des Fragenstellens: Stellen Sie nie eine Frage, deren Antwort Sie gar nicht hören wollen. Oder deren aufrichtige Antwort dazu führt, dass unbescholtene Feuerwehrmänner monatelang nicht schlafen können, weil sie die Reste Ihres Körpers vom ICE *Heinrich Böll* entfernen mussten.

Gut, das ist übertrieben. Tatsache ist: Sobald Frauen anfangen, von Ex-Männern und Liebhabern zu erzählen, womöglich noch vergleichend, entsteht bei uns dieses mulmige Gefühl im Bauch. Und sehr schnell kommt der Gedanke auf: Äh, so genau wollte ich das gar nicht wissen. Keine Details! Halt, stopp, nicht weiterreden!

Sex ist in unserer Kultur zu einer Mischung aus Sport und Religion geworden. Beides wird ihm nicht gerecht. Weder führt er uns zum Heil, noch müssen wir im Bett olympische Höchstleistungen erbringen. Eigentlich reicht es vollkommen aus, wenn es für beide schön ist. Und damit könnte dieses Kapitel beendet sein.

Möglicherweise besteht die Wahrheit aber auch aus folgenden drei grausamen Sätzen:

1. Es gibt einige Männer, die verdammt gut im Bett sind.
2. Es gibt viele Männer, die nicht so gut im Bett sind.
3. Es gibt eine große statistische Wahrscheinlichkeit, dass wir selbst zu der zweiten Gruppe gehören.

Fragen Sie lieber nicht nach. Für viele Frauen ist es okay, wenn der Sex nur okay ist. Diesen Frauen ist es eh wichtiger, dass der Mann sich mit modernem Theater auskennt oder gut kochen kann oder sie zum Lachen bringt. Und vielleicht halten sie sich nebenbei noch einen Liebhaber aus der ersten Gruppe, den sie bei *Fitness First* kennengelernt haben.

Fragen Sie niemals Ihren Partner:

LIEBST DU MICH EIGENTLICH NOCH?

Sie und er, Mitte 40, liegen friedlich nebeneinander im Ehebett. Er liest. Sie schaut plötzlich nachdenklich ihren Mann an.

SIE: Sag mal, Bernd?

ER *(ohne aufzublicken)*: Ja?

SIE *(zögert)*: Liebst du mich eigentlich noch?

ER *(legt das Buch beiseite, überlegt)*: Wie meinst du das?

SIE: Wie – wie mein ich das?

ER: Das ist natürlich eine Frage der Definition.

SIE: Definition?

ER: Also, meinst du es im Sinne von Zuneigung, im Sinne einer engen Verbundenheit, eines körperlichen Begehrens, oder im Sinne einer tiefen, leidenschaftlichen Gefühlskraft?

SIE: Ja, äh, also alles natürlich ...

ER: Na ja, du weißt ja, ich bin nicht so der total überschwängliche Typ. Und natürlich mag ich dich, fühl mich dir verbunden, möchte ab und zu mit dir schlafen ... aber wenn du jetzt auf diese etwas mystisch verklärte, existenzielle Passion abzielst ...

SIE *(erschrocken)*: Du liebst mich gar nicht? Bist du etwa nur der Kinder wegen bei mir geblieben?

ER *(seufzt)*: Aber die Kinder sind uns doch beiden total wichtig!

SIE *(beginnt zu weinen)*: Aber ... wieso erfahre ich das alles erst jetzt?

ER: Du hast doch nie gefragt!

169.800 Ehen wurden 2013 geschieden. Nach durchschnittlich vierzehneinhalb Jahren. Länger halten Partner die Frage *Liebst du mich eigentlich noch?* einfach nicht aus. Wie viel Sinn macht es eigentlich genau, über Gefühle zu reden? Vor allem über schöne, über die schönsten Gefühle? »Worüber man nicht reden kann, darüber muss man schweigen«, so endet Wittgensteins *Tractatus logico-philosophicus*. Die 327 Seiten davor habe ich nicht verstanden. Aber das schon.

Das Problem ist doch: Liebeserklärungen sind wie Pointen. Sie funktionieren nur als Überraschung. So wie man sich selbst nicht kitzeln kann. Natürlich kann man eine Art Beziehungstarifvertrag abschließen mit monatlicher Abgabe einer Liebeserklärung. Dann kann man sich aber auch gleich gemeinsam einsargen lassen. Gewerkschafter sind ungefähr so sexy wie Haferflocken.

Wenn der andere sich wirklich nur noch so viel Mühe gibt wie Angela Merkel mit ihren Silvesteransprachen, dann sollte man den Rat meiner Freundin Irena beherzigen: Mach dich rar. Kümmer dich um dich selbst. Mach dich glücklich! Dann kommt der andere schon von selbst angelaufen. Wenn nicht, ist es eh zu spät. Auf Befehl, aus Mitleid oder Pflichtgefühl möchte niemand geliebt werden. Das ist das Paradox der Liebe. Jeden Montag eine Liebeserklärung einzufordern, ist etwa so sinnvoll wie einen Kochkurs in England zu belegen. Englisches Wetter, englische Frauen und englische Küche sind die Grundlagen einer großen Seefahrernation.

Übrigens gibt es noch jede Menge Varianten dieser Frage, die noch viel gefährlicher sind: *Findest du mich noch schön?*

Findest du mich noch sexy? Denkst du beim Sex an andere Frauen? Macht es dir was aus, dass ich älter geworden bin?

Wer weder lebensmüde ist noch dreist belogen werden möchte, verzichtet weise auf all diese Fragen. Wie heißt es in Saudi-Arabien? »Gut ist es, die Wahrheit zu kennen. Besser ist es, über Palmen zu sprechen.«

Fragen Sie niemals Ihre Partnerin:

WIE LANGE HABEN WIR EIGENTLICH NICHT MITEINANDER GESCHLAFEN?

Mann und Frau liegen nebeneinander im Bett. Sie liest. Er dreht Däumchen, blickt stur nach vorne.

ER: Sag mal, Schatz …

SIE *(ohne aufzusehen)*: Mmh.

ER: Wie lange haben wir eigentlich nicht miteinander geschlafen?

SIE *(liest immer noch)*: Ach, Mausel.

ER: Nee, sag mal.

SIE *(liest immer noch)*: Weiß nicht. Eben noch die Seite.

ER *(holt einen Kalender, blättert darin)*: Hier. Neun Wochen. Und drei Tage. Im Urlaub war das. Seitdem gar nicht mehr.

SIE *(liest immer noch)*: Mmh.

ER *(legt den Kalender weg, seufzt)*: Ist das normal? Ich meine, andere machen es zweimal die Woche! Zwei Mal. Bei einmal pro Woche wär ich ja schon glücklich.

SIE *(dreht die Seite um)*: Eben noch das Kapitel, Schatz.

Beide schweigen, sie liest.

ER: Wollen wir ... also ... Schatz? *(guckt sie an)*
SIE *(liest)*: Warte eben ... Noch dies Kapitel, ja? *(tätschelt ihm die Wange, ohne hinzusehen)*
Er guckt traurig nach unten, kratzt sich am Kopf.

Bettina Rolfes, eine Autorenfreundin von mir, schrieb mal den erschütternden Satz: »Es gibt keinen unerotischeren Ort als das eigene Ehebett.« Vermutlich hat sie recht. Festgelegte, genau vorhersehbare Sequenzen körperlicher Handlungen spielen sich dort ab, in abnehmender Häufigkeit, die mit Leidenschaft, Verlangen und Hingabe wenig zu tun haben. Und alles, alles – jedes Fußballspiel, jeder Roman, jeder Tatort ist spannender als dieser festgelegte Ablauf. Das ist jedenfalls die Theorie des amerikanischen Sexualwissenschaftlers David Schnarch (er heißt wirklich so) darüber, warum die meisten Paare immer seltener miteinander schlafen. Keiner traut sich, aufregende Dinge zu tun. Und beide wundern sich dann, warum das Ganze so rasend uninteressant geworden ist.

In diese Situation grätscht der Mann mit einer Lehrerfrage. Er kennt die Antwort nämlich bereits: Die Beziehung ist mittlerweile so prickelnd wie ein 10-Finger-Tippkurs in einem Kurhotel am Maschsee. Was könnte der Mann stattdessen tun? Er könnte *50 Shades of Grey* lesen, offenbar die Frauenfantasie schlechthin, und versuchen, die Figur, das Vermögen und das Selbstbewusstsein von Christian Grey zu erlangen. Gut, das überfordert ihn. Er könnte *Der perfekte Liebhaber* oder *The Joy of Sex* auswendig lernen, oder die 764 Stellungen des Kamasutra. Frauen stehen auch nicht immer nur auf Blümchensex, vielleicht sogar weniger als Männer. (Jetzt schauen Sie mich nicht so fragend an. Das hier ist kein Erotik-Ratgeber.) Schlimmstenfalls könnte er sogar den neuen Hirschhausen lesen, wenn es ihm nicht so albern vorkäme. Und ganz unabhängig von irgendwelchen Büchern könnte er aufhören, so konfirmandenhaft aufzutreten, wie er leider immer noch aussieht. Er könnte schlimme Wörter benutzen, zumindest wenn das Licht aus ist. Vielleicht könnte er sogar das Licht anmachen? Ich will nicht zu viel verlangen. Aber alles, alles ist besser als darüber zu jammern, dass man inzwischen unter den normalen Schnitt gefallen sei.

Normal, das wissen wir alle, sind zweimal die Woche – das ergeben schließlich alle Befragungen dazu seit Beginn der schriftlichen Aufzeichnungen. (Genau das antworten wir daher auch dem Typen vom Umfrageinstitut.) Aber wissen Sie was? Es ist völlig egal, was normal ist. Für Franzosen ist etwas völlig anderes normal. Vielleicht sind Sie innerlich ein Franzose. Dann benehmen Sie sich auch so: wild, gefährlich und unberechenbar. Ein Tiger. Wenigstens einmal, ganz kurz, im Dunkeln. Wenn beide über ihren Schatten springen, so David Schnarch, können sie nach zwanzig, dreißig oder vierzig Jahren Beziehung den besten Sex ihres Lebens haben. Ist das eine Verheißung?

WO HABT IHR EUCH DENN KENNENGELERNT?

Kneipe. Olaf und Nadine, ein frischverliebtes Pärchen, Hand in Hand. Ralf gesellt sich dazu, ein Bekannter des frischverliebten Mannes.

RALF: Hey Olaf, das wusste ich ja gar nicht, dass du 'ne neue Freundin hast!

OLAF: Ja. Das ist Nadine.

Sie reicht ihm die Hand.

RALF: Wahnsinn! Wie lange seid ihr denn schon zusammen?

NADINE: Ungefähr zwei Monate.

RALF: Wow. Und wo habt ihr euch kennengelernt?

NADINE: Also, äh ... *(blickt zu ihrem Freund rüber)*

OLAF *(lächelt)*: Ja, also, das, äh, war so ... *(räuspert sich)*

NADINE: Also es war ...

OLAF: Im Internet. Wir haben uns im Internet kennengelernt.

RALF *(lacht)*: Aber das ist doch nicht schlimm! Das gibt's doch inzwischen total oft. Ich meine, das ist ja 'n totales Vorurteil, dass da nur Ladenhüter sind und Leute, die es nicht schaffen, auf normalem Wege ... also ich meine, ohne ... wo ... auf welchem Portal denn? Parship? Friendscout24?

OLAF: Also, das wär, äh ... das war ... was war es noch mal ...

NADINE: Also, ich hatte ihn auf seitensprung.de schon mal gesehen, sein Foto, aber das hatte mich nicht so angesprochen.

OLAF: Was? Das wusste ich ja gar nicht!

NADINE: Doch, hab ich dir doch schon hundert Mal erzählt. Aber dann gab's da so'n reines Sexportal, joyofsex.org, da hatte ich nach 'nem MMF Ausschau gehalten ...

RALF: MM was?

NADINE: MMF. Mann Mann Frau. Also 'n Dreier mit zwei Männern. Und da hatte sich Olaf gemeldet. Aber zu dem Date ist der andere Typ nicht gekommen. Sondern nur Olaf.

OLAF: Hab ich echt Glück gehabt. Weil ich glaub, Nadine hatte nur wegen dem anderen zugesagt ...

RALF *(lächelt etwas befangen)*: So'n Muskelprotz oder wie?

NADINE: Nee, der hatte einfach schon Erfahrungen mit ausgefalleneren Sachen, NS, KV, FS ...

OLAF *(lächelt gequält)*: Ist ja auch egal ...

RALF *(interessiert)*: Nee, sag mal, das kenn ich ja alles gar nicht ... was ist denn NS? Zieht man sich da Naziklamotten beim Sex an?

NADINE: Nee, NS heißt ...

OLAF *(hustet sehr laut und nachhaltig)*: Also, die Luft ist ja wirklich schlecht hier drinnen ... Nadine, können wir kurz mal rausgehen?

80 Millionen Profile gibt es in Online-Singlebörsen in Deutschland. Fast so viele wie Einwohner. Viele Übereifrige haben natürlich gleich in sechs, sieben Portalen parallel Profile hochgeladen. Viele haben auch mal Profile angelegt und nach ein paar Monaten oder Jahren entnervt aufgegeben, ohne das Profil zu löschen. Aus irgendeinem Grund glauben nämlich insbesondere Männer, denen es im wirklichen Leben niemals gelingt, sich mit einer hübschen Frau zu verabreden, dass ihnen auf partner.de die Model-Schönheiten zwischen 18 und 24 den Postkasten regelrecht zuspammen werden. Deswegen sind sie auch davon überzeugt, dass sie gar kein Foto hochladen müssen, oder dass es ausreicht, sich in Joggingklamotten mit dem Handy im Badezimmerspiegel zu fotografieren. Jedenfalls geht die Branche davon aus, dass sieben Millionen Menschen gerade

aktiv im Internet nach der großen Liebe suchen. Nirgendwo in Europa finden sich so viele Paare im Internet wie in Deutschland. Jede dritte neue Beziehung verdanken wir dieser amerikanischen Erfindung.

Das hat sich aber anscheinend noch nicht herumgesprochen. Nach wie vor gilt es vielen als Makel, zu erzählen, dass sie sich nicht auf der Geburtstagsparty ihres Dresdner Schwagers oder auf einem Weihnachtsfeierbesäufnis oder in einer kilometerlangen McDonalds-Schlange kennengelernt haben. All das scheint dem Ideal des schicksalhaften Zusammentreffens jedenfalls mehr zu entsprechen als das gezielte Flirten im Netz. Irgendwie verträgt sich aktives Suchen, Vergleichen und Ausprobieren nicht mit unserer Vorstellung davon, dass man sich am besten mit drei im Sandkasten begegnet ist und sich seitdem treu geblieben ist. Sich im Internet gegen 39.999.999 Konkurrenten durchzusetzen, ist logisch betrachtet eine deutlich größere Leistung und könnte beide dazu ermutigen, so richtig, richtig stolz auf sich zu sein.

Aber das Gegenteil ist der Fall. Das kulturelle Unisono lautet: Nur Loser, Mauerblümchen und unverkäufliche Ladenhüter bieten sich dort an. Was sie zusammenführt, ist der Mut der Verzweiflung. Kapitalistisches Katalogdenken hat wahre Gefühle ersetzt. Und wo bleiben überhaupt die inneren Werte? Die ja früher in der Disco an absolut erster Stelle standen. Weit vor den tanzfreundlichen High Heels, dem trägerlosen Neon-Top, den zehn Zentimeter langen, hellrosa lackierten Fingernägeln, den katzenbergerblond gefärbten Haaren und den ultrakurzen Hot Pants.

Aber mit Logik kommt man da nicht weiter, und deshalb ist die eigentlich schöne Frage nach dem romantischen Ursprung einer neuen Liebe leider verbrannt. So die Diagnose Ihres persönlichen Fettnäpfchenberaters. Irgendeinem ist es meistens peinlich. Und die Versuche, die Situation zu retten – »Ist doch nicht so schlimm!«, »Hauptsache, ihr habt überhaupt jemand gefunden!«, »Ich finde, da kann man ganz offen drüber reden!« – machen es auch nicht besser.

Machen Sie es umgekehrt. Verkünden Sie ganz offensiv, dass Sie diese absolute Traumfrau neben sich im Netz kennengelernt haben, bevor Ihr verdutztes Gegenüber auch nur nachfragen kann. Erzählen Sie von Ihrem lustigen Nickname (*James-Blond*), den durchgechatteten Nächten und dem aufregenden ersten Treffen, bis das Gegenüber ganz neidisch wird und am Ende fragt: *Und wie hieß dieses Portal noch?* Und dann sagen Sie ungerührt: *restpostenbilligabzugeben.de.*

WOLLT IHR UNS NICHT MAL BESUCHEN KOMMEN?

Freunde & Bekannte

ERSTER KUMPEL: **Hahaha, was ist das denn da um deine Augen? Wohl zu lange ’ne Sonnenbrille getragen, was?**

ZWEITER KUMPEL: **Das ist eine Pigmentstörung.**

ERSTER KUMPEL: **Oh. Sorry.**

»Eine Zwiebel, die man sich mit einem Freund teilt, schmeckt wie gegrilltes Lamm«, sagen die Ägypter. Wie wahr! Gut, Vegetarier würden das Lamm durch Räuchertofu ersetzen. Aber was den Wert der Freundschaft betrifft, sind sich alle einig: Die Perser (»Besser mit Freunden in Ketten zu liegen als mit Fremden im Garten zu sitzen«), die Afghanen (»Ein guter Freund ist wie ein gesatteltes Pferd«) und die Türken (»Für einen Freund isst man auch ein rohes Hühnchen«). Kann es etwas Wichtigeres geben als den Freund, dem wir uns ehrlich anvertrauen, der uns loyal kritisiert und selbstlos zu uns hält – durch alle Liebeskrisen, Karriereflops und Erziehungskatastrophen hindurch?

Nein. Und deshalb rufen wir ihn auch mindestens einmal im Jahr an, zu seinem Geburtstag. Obwohl, wenn die Zeit knapp wird – auch auf Facebook kann man sehr individuell gratulieren! Das Problem ist ja, wenn man so lange nicht miteinander gesprochen hat, ufern diese Telefongespräche gern aus, und gleich muss das Abendessen auf dem Tisch stehen. Würde man so einen guten alten Freund einfach am Telefon abwürgen? Da ruft man lieber dann an, wenn man so richtig Zeit hat. Vielleicht nach Weihnachten?

Der unglaublich hohe Wert der Freundinnen und Freunde drückt sich vor allem darin aus, dass wir sie praktisch nie sehen. Fairerweise muss man aber auch sagen, warum: Wir haben ganz dringende andere Dinge zu tun: Tatort, Plasberg, Quizduell, Two and a Half Men, Bauer sucht Frau, der Postillion, heftig.de, und da war doch dieses total lustige YouTube-Video ... der Herbsturlaub muss auch dringend geplant werden.

Doch es gibt eine Situation, in der wir uns wieder Zeit für unsere Freunde nehmen: Wenn uns nämlich einfällt, dass Jürgen, das Jimi-Hendrix-Imitat aus alten Kiffertagen, inzwischen als hocherfolgreicher Rechtsanwalt für die Kanzlei Hoffmann & Raffke arbeitet, und wir haben doch diese blöde Klage am Hals ...

Oder wenn wir uns von unserem Partner haben bequatschen lassen, in eine menschenleere Ödnis im östlichen Niedersachsen zu ziehen, weil es da diesen bezaubernden Bauernhof im Sonderangebot gab. Dann telefonieren wir, ehe das Ich-lauf-hier-bald-Amok-Gefühl überhandnimmt, alle alten Freunde durch, um sie zu einem Besuch zu überreden: »Ist wunderschön hier ... der Geruch nach Butterblumen und Gülle ...« Als Antwort darauf hören wir dann: »Du, hier kommt gleich der Tatort aus Münster. Und das Abendessen muss auch gleich auf dem Tisch stehen ... Ich ruf ganz bald zurück, okay? Wenn ich mal richtig Zeit habe ...«

KANNST DU DIR DAS MAL KURZ ANGUCKEN?

Familienfest. Angeregtes Plaudern.

MANN IN MITTLEREN JAHREN: Und du bist also die legendäre Hilde?

JUNGE FRAU *(lacht)*: Wieso legendär?

MANN IN MITTLEREN JAHREN: Was ich alles gehört hab … 1,0-Abi … Studium in Rekordzeit …

JUNGE FRAU: Ach, die übertreiben total.

MANN IN MITTLEREN JAHREN: Und du bist jetzt Ärztin?

JUNGE FRAU: Genau. Hier am Krankenhaus.

MANN IN MITTLEREN JAHREN: Sag mal *(senkt die Stimme)*, kann ich dich da kurz mal was fragen? Können wir mal eben in die Küche gehen?

JUNGE FRAU: Äh, klar, warum nicht.

Die beiden gehen in die Küche.

MANN IN MITTLEREN JAHREN *(schließt die Tür)*: Also hier *(zeigt auf eine Stelle an seinem Rücken)*, das tut schon seit geraumer Zeit weh … Kannst du dir das mal kurz angucken?

JUNGE FRAU: Tut die Haut weh oder die Rippe?

MANN IN MITTLEREN JAHREN: Kann ich gar nicht so genau sagen. Vielleicht hängt es ja auch irgendwie mit meinen Knieschmerzen zusammen … hier, das rechte Knie … könnte das zusammenhängen?

JUNGE FRAU: Keine Ahnung.

MANN IN MITTLEREN JAHREN: Also, wenn ich länger gelaufen bin, ist es so 'n pochender Schmerz. Manchmal aber auch kurz vorm Einschlafen.

JUNGE FRAU: Das Knie oder die Stelle am Rücken?

MANN IN MITTLEREN JAHREN: Beides ... je nachdem ... Was meinst du, ist es was Ernstes?

JUNGE FRAU: Kann ich dir echt nicht sagen.

MANN IN MITTLEREN JAHREN: Sollte ich da mal zum Arzt gehen?

JUNGE FRAU: Ist vielleicht besser. Ich könnte dir 'ne Adresse aufschreiben, ein Bekannter von mir, der ist wirklich eine Koryphäe.

MANN IN MITTLEREN JAHREN: Orthopäde?

JUNGE FRAU: Nee, ein Psychologe. Hat sich auf Hypochonder spezialisiert. Hast du mal Zettel und Stift?

Hilde ist Ärztin. Sie ist auf einem Familienfest und möchte plaudern. Die letzte Woche hat sie sich schon sechzehn Stunden am Tag mit Karzinomen, gebrochenen Rippen und Schädelfrakturen beschäftigt. Jetzt ist Wochenende. Frei. Keine Patienten.

Keine Patienten?

Jeder Schulfreund, jeder Cousin und jeder Nachbar kommt auf die glorreiche Idee, sich zu einer kostenlosen Privatsprechstunde einzuladen. Dabei ist ja offensichtlich, dass ein Arzt, den man privat trifft, gar keine Untersuchungsinstrumente da hat. Er kann kein Blut abnehmen, keinen Blutdruck messen, nicht in Nase, Ohren und Rachen schauen – aber vor allem hat er dazu überhaupt keine Lust! Und zwar völlig egal, ob es sich um den Cousin, den Nachbarn oder den alten Schulfreund handelt. Der Vater eines guten Freudes von mir war Zahnarzt auf dem Land, und zwar der einzige Zahnarzt weit und breit. Ihn traf es noch schlimmer. Kaum ging er in den Supermarkt, begegnete er Klienten, die ihn erst begrüßten und dann ihren Mund aufrissen, um ihm eine neue Karies am rechten, hinteren Backenzahn vorzuführen. Oder ihn zu fragen, warum die Plombe am unteren, linken Weisheitszahn irgendwie locker sei. Erst vermied er es, in den Supermarkt zu gehen. Dann ging er gar nicht mehr auf die Straße. Am Ende zog er in eine andere Stadt.

Ärzte sind wie wir alle: Sie möchten auch mal frei haben. Dann gehen sie ins Konzert und jemand aus dem Publikum bricht zusammen (»Ist ein Arzt im Saal?«). Sie fahren mit der Bahn in den Urlaub und hören die Durchsage: »Ist ein Arzt an Bord? Bitte dringend in Wagen 9!« Und wenn sie am Meer angekommen sind, wird ein Badegast aus dem Wasser gezogen, der vom 30 Meter langen Fangarm einer blauen Killerqualle berührt wurde und das Bewusstsein verloren hat.

Ärzte sind ein Leben lang im Notdienst. Also verschonen Sie Ihren Hausarzt-Cousin wenigstens Heiligabend mit der Warze unter Ihrem rechten Fuß, die jetzt schon zum siebten Mal wiedergekommen ist. Kleiner Tipp: Ob vereisen, wegschneiden oder eincremen, das bringt alles nichts. Gegen Warzen sind auch Chefärzte machtlos. Da helfen nur Wunderheiler.

Fragen Sie niemals Ihre Shopping-Begleitung:
SOLL ICH DAS NEHMEN?

Unsichere Frau mit Begleitung in Umkleidekabine. Hinter ihr hängen ca. 32 Blusen, die sie offenbar schon anprobiert hat.
UNSICHERE FRAU *(betrachtet die Bluse, die sie gerade angezogen hat)*: Wie findest du sie?
BEGLEITUNG: Oh, ganz hübsch.
UNSICHERE FRAU: Und? Soll ich sie nehmen?

BEGLEITUNG: Also ganz ehrlich, die siebzehnte, die du probiert hattest ...

UNSICHERE FRAU: Ja?

BEGLEITUNG: In der sahst du wirklich schlimm aus. Nimm ruhig diese.

UNSICHERE FRAU: Meinst du?

BEGLEITUNG: Ja. Und gib sie der Kleiderkammer.

UNSICHERE FRAU *(guckt noch unsicherer)*: Hä?

BEGLEITUNG: Oder schick sie nach Saudi-Arabien. Damit die Frauen dort wissen, warum es immer noch besser ist, eine Burka zu tragen.

UNSICHERE FRAU: Du meinst, ich soll sie *nicht* nehmen?

BEGLEITUNG: Oder mach einen eigenen Klamottenladen auf, nur mit selbst genähten Sachen. Aus der Zeitschrift *Knitter*. Der Knitterladen.

UNSICHERE FRAU: Also, soll ich sie jetzt nehmen oder nicht? Was meinst du?

BEGLEITUNG *(flippt aus)*: Du sollst halt einfach irgendetwas nehmen, wir sind jetzt schon fünf Stunden in diesem Laden!!! Und vielleicht solltest du auch endlich mal ein bisschen abnehmen, wäre das mal was? Und wir könnten in einen Laden gehen, der etwas interessanter ist als H&M!

UNSICHERE FRAU: Mmh. Sollen wir vielleicht noch mal in den allerersten Laden zurück?

Der Verkäufer kann es Ihnen nicht sagen. Ihre Mutter kann es Ihnen nicht sagen. Ihre beste Freundin kann es Ihnen nicht sagen. Und Ihr Freund kann es Ihnen erst recht nicht sagen. Nur Sie können wissen, ob Sie wirklich so und nicht anders rumlaufen wollen.

Als Sie drei waren, kamen Sie in die Trotzphase. Sie haben sich im Supermarkt auf den Boden geworfen, weil Ihre Mutter die fünf Packungen Schokoküsse, die Sie in den Einkaufswagen gelegt hatten, wieder zurück ins Regal bringen wollte. Sie haben zehn Minuten mit den Fäusten auf die kalten Fliesen gehämmert. Nicht wegen der Schokoküsse. Nein, damals haben Sie ihren eigenen, freien Willen entdeckt, unser einziges Paradies auf Erden. Und den wollen Sie jetzt bei H&M wieder aufgeben? Diese Eroberung wollen Sie verschenken? Sehen Sie in den Spiegel, betrachten Sie dieses Kleid. Ist es megakrass, obergeil und hammerhart? Dann nehmen Sie es, verdammt noch mal! Der Preis spielt keine Rolle. Wir leben nur einmal. Oder ist es nur mäßig, mmh, weiß nicht, vielleicht doch, äh? Dann lassen Sie es. Wenn man jein denkt, soll man nein sagen. Und nicht so lange grübeln, bis man 89 Prozent seiner freien Zeit in Klamotten- und Schuhläden verbracht hat. 89 Prozent aller Beziehungen scheitern daran, dass die Partner zu wenig Zeit füreinander haben. Erkennen Sie einen mathematischen Zusammenhang?

Schön finden wir nur jemanden, der sich selber schön findet. Und nein, wir wollen nicht noch mal in den allerersten Laden zurück.

AUF GAR KEINEN FALL!

Fragen Sie niemals die Person, die Sie gerade beschenkt haben:

UND – FREUST DU DICH?

Die Freundinnen Anna und Lisa in Lisas Wohnzimmer. Lisa hat soeben Annas Geburtstagsgeschenk ausgepackt – ein Aquarell, das zwei Meerschweinchen auf einer Blumenwiese zeigt.

LISA *(lächelt etwas gezwungen)*: Oh. Ein Aquarell.

ANNA: Ja, hab ich selbst gemalt! Ich hab dir doch erzählt, dass ich seit zwei Semestern diesen Volkshochschulkurs mache: Tiermotive in Aquarelltechnik.

LISA *(immer noch zurückhaltend)*: Cool.

ANNA: Ich hab gedacht, deine Wohnzimmerwände sind immer noch so kahl. Das ganze Zimmer wäre doch viel wohnlicher mit so einem Bild!

LISA *(zuckt kurz zusammen, beherrscht sich dann wieder)*: Bestimmt.

ANNA *(aufmunternd lächelnd)*: Und? Freust du dich?

LISA *(leidenschaftslos)*: Klar.

ANNA: Also, es gefällt dir?

LISA *(atmet einmal aus und ein)*: Also, ich sage es dir nur einmal, und auch nur, weil du meine beste Freundin bist und du weißt, wie sehr ich dich mag. Erstens: Ich mag leere Wände. Zweitens: Ich mag keine Aquarelle. Drittens: Ich habe eine Meerschweinchenhaarallergie. Und viertens: Du kannst nicht malen. Überhaupt nicht. Ich glaube, es macht gar keinen Sinn, dass du diesen Kurs besuchst. Und erst recht nicht, dass du irgendwelche Bilder verschenkst, die du da malst!

ANNA *(guckt sie erschrocken an, schluckt, lächelt wieder)*: Okay, alles klar, ich pack's wieder ein. Soll ich dich lieber zum

Essen einladen? Da gibt's einen tollen neuen Inder gleich bei mir nebenan!

Warum findet dieser Dialog nie statt? Weil wir alle zu nett sind. Als Kind kriegte ich immer selbstgestrickte Pullover von meiner Omi geschenkt. Sie kratzten, und ich sah darin aus wie ein norwegischer Alien. Dennoch brachte ich es nie übers Herz, meiner Omi zu sagen, wie schrecklich diese regelmäßigen »Überraschungen« für mich waren. Sie nahm meine höflichen Dankesbekundungen für bare Münze, und zum nächsten Geburtstag kam der nächste Horrorpullover. Ein echter Teufelskreis.

Es gibt zwei Arten zu schenken: Die bescheidene und die eitle. Der bescheidene Schenker fragt den anderen ganz unspektakulär, was er sich wünscht, schenkt ihm das, freut sich über dessen Freude, und alles ist gut. Der eitle Schenker will etwas ganz Besonderes sein. Er will dem anderen die Freude seines Lebens bereiten, eine Monster-Überraschung, in der seine geheimsten Wünsche wahr werden. Das wäre auch alles ganz schön, ginge es nicht in 90 Prozent aller Fälle an den Wünschen des Beschenkten vorbei. Und dann haben wir die Meerschweinchen-Aquarell-Situation. Der Schenker möchte nicht wahrhaben, dass er danebengelegen hat, im Gegenteil, er will sich vergewissern, dass er einen echten Knaller gelandet hat und fragt scheinbar arglos: »Freust du dich?« oder »Gefällt es dir?« Es gibt wohl – abgesehen von »Wo warst du gestern noch so spät?« – keine anderen Fragen, die so häufig mit Rumdrucksen und Lügen beantwortet werden. Notlügen! Denn so sind wir sozialisiert: als liebe Mitmenschen. Wir wollen nicht, dass sich jemand von der Brücke stürzt, weil er von uns die Wahrheit über seine künstlerischen Fähigkeiten erfahren hat.

Sie merken schon: Das hier wird ein Plädoyer für die Variante A, das bescheidene Schenken. Es ist nämlich nicht lieblos, dem anderen genau das zu schenken, was er sich gewünscht hat, im Gegenteil: Es ist freundlich, selbstlos und uneitel. Es ist wahre Freundschaft. Fragen Sie nicht nachher, ob sich der andere freut, sondern vorher, worüber er sich freuen würde. Dann muss sich auch niemand mehr selbstgepinselte Meerschweinchen-Aquarelle ins Wohnzimmer hängen, sobald die malende Freundin zu Besuch kommt.

Fragen Sie niemals einen Stadtbewohner:

WOLLT IHR UNS NICHT MAL BESUCHEN KOMMEN?

Theaterfoyer des Hamburger Schauspielhauses in der Pause. Zwei Männer begegnen sich in der Schlange vor dem Sektstand.

ERSTER MANN: Hey, Thomas! Sieht man dich auch mal wieder.

ZWEITER MANN: Ja, die neue Jelinek wollten wir uns natürlich nicht entgehen lassen.

ERSTER MANN: Absolut. Wieso sieht man euch gar nicht mehr?

ZWEITER MANN: Wir sind doch rausgezogen nach Hemmelsbüll.

ERSTER MANN: Hemmelsbüll, um Gottes Willen, wo liegt das denn?

ZWEITER MANN: Bei Tönning.

ERSTER MANN: Du, sorry, das sagt mir jetzt auch nichts.

ZWEITER MANN: Auf der Eider-Halbinsel. St.Peter Ording.

ERSTER MANN: Was, so weit?

ZWEITER MANN: Ach, mit dem Auto ist man in einer guten Stunde hier! Caro und ich haben uns da so 'n altes Bauernhaus gekauft. Wollt ihr uns nicht mal besuchen kommen?

ERSTER MANN: Klar. Und Caro, arbeitet sie noch als Grafikerin?

ZWEITER MANN: Ja natürlich, nur eben von zu Hause. Du glaubst nicht, wie herrlich das ist! Der Deich, die Kühe ... hättet ihr nächstes Wochenende vielleicht Zeit?

ERSTER MANN: Oh, das geht leider gar nicht. Da sind wir bei meinen Schwiegereltern.

ZWEITER MANN: Und das Wochenende drauf?

ERSTER MANN: Müsste ich Katrin mal fragen ... Wie findest du denn Kriegenburgs Inszenierung?

ZWEITER MANN: Ach, viel zu überladen, zu old school. Aber guck mal, da hinten kommt Katrin, dann frag Sie doch gleich mal. Ihr müsst unbedingt mal kommen. Wirklich mitten im Nichts, ein Traum.

ERSTER MANN: Bestimmt.

ZWEITER MANN: Also, wann wollt ihr kommen?

Ein Freund von mir hatte eine wundervolle Wohnung im schönsten Hamburg-Uhlenhorst, ehe er auf die Idee kam, sich ein Bauernhaus in Nordfriesland zu kaufen. Fortan zwang er alle Freunde durch penetrantes Nachfragen, ihn dort zwischen Nebel und Kühen zu besuchen. Es ist keine gute Stunde, es sind mindestens zwei Stunden von Hamburg bis dorthin. Wenn man gut durchkommt. Zu seinem 40. Geburtstag charterte er sogar einen Bus, der uns alle von Hamburg zu seinem Anwesen brachte. Zwei Stunden hin, zwei Stunden zurück. Als Höhepunkt und Pointe feierte er mit uns nicht mal im Bauernhaus, sondern im Garten, wo er Zelte aufgestellt hatte, vermutlich aus Angst, die Gäste könnten seine wertvollen Holzdielen beschädigen. Es war September und bitterkalt, wir standen stundenlang im Garten und in den nicht beheizten Zelten, wir froren wie Amundsen und seine Crew auf ihrer Südpolexpedition, am Buffet gab es nichts Vegetarisches, und der Bus nach Hamburg fuhr erst um Mitternacht.

Ich gebe zu, ein Extrembeispiel. Der klassische Fall besteht eher darin, dass ein guter alter Freund, mit dem man zusammen studiert hat, aus der coolen, riesigen WG im Studentenviertel erst mit seiner Freundin in eine 2-Zimmer-Wohnung zieht – immer noch im Studentenviertel. Und dann in ein überteuertes Townhouse am Stadtrand, in eine Gegend ohne Läden, ohne Charme und ohne jede Form urbaner Infrastruktur. Und dort soll man die neugegründete Kleinfamilie dann unbedingt besuchen. Nur – warum sollte man das tun? Mit dem Freund wird man kein privates Wort reden können. Das Kleinkind wird die ganze Zeit um Aufmerksamkeit krähen. Dann muss man sich die misslungene Eltern-Kind-Kommunikation mit ansehen (»Willst du jetzt nicht mal in Ruhe in deinem Zimmer spielen?« – »Nein!«). Man fühlt sich gezwungen, das architektonisch völlig reizlose Haus irgendwie zu loben. Und spazieren gehen macht erst recht keinen Spaß.

Vermutlich weiß der Freund das auch alles. Aber er ist verzweifelt. Erst hat er sein Lebensvermögen für diesen tristen Vorortquader ausgegeben, in der Kleinfamilienhölle geht er zugrunde, und seine Freunde sieht er auch nicht mehr. Deswegen fragt er. Es ist gar keine unnütze Frage, sondern der Hilferuf eines Ertrinkenden. Nur – es gibt weit und breit keinen Rettungsring. Samt und sonders alle seine Freunde, schreibt Thomas Bernhard, die aufs Land gezogen seien mit den größten Hoffnungen, seien nachher rückhaltlos und rettungslos unglücklich geworden. Wenn Sie mir schon nicht glauben, dann glauben Sie wenigstens Thomas Bernhard. Und wenn Sie den nach Hemmelsbüll gezogenen Freund das nächste Mal im Foyer sehen, erzählen Sie ihm, Sie hätten sich einen Resthof bei Lüchow-Dannenberg gekauft, sehr günstig, direkt neben dem Schacht Konrad, und leider wären Sie die nächsten vier Jahre jedes Wochenende mit Renovieren beschäftigt, aber er dürfe gerne mithelfen, nächsten Samstag müsste das Mauerwerk aufgestemmt werden. Ob er da vielleicht Zeit habe?

Fragen Sie niemals jemanden, der etwas sucht:

WO HAST DU ES DENN DAS LETZTE MAL GEHABT?

Ein Mann sucht etwas in seinem Arbeitszimmer, seine Frau kommt hinzu.

SIE: Sag mal, was suchst du eigentlich?

ER *(angestrengt nach unten guckend, durchwühlt seine Hosentaschen)*: Mein Portemonnaie.

SIE: Hast du denn schon in deiner Jacke geguckt?

ER *(während er auf dem Schreibtisch weitersucht)*: Klar.

SIE: Und in der Nachttischschublade?

ER *(kriecht unter den Schreibtisch)*: Was denkst du denn?

SIE: Wo hast du es denn das letzte Mal gehabt?

Er kriecht unters Bett, antwortet nicht.

SIE: Hallo?

ER *(immer noch unterm Bett liegend)*: Beim Bäcker. Vor sechs Stunden.

SIE *(überlegt)*: Hast du da denn schon gefragt?

ER *(kommt unterm Bett hervor, guckt sie zum ersten Mal an)*: Ja. Und könntest du jetzt vielleicht gehen?

SIE *(verwirrt)*: Wieso denn?

Es gibt zwei Arten von Menschen: Die einen leben in Ruhe ihr Leben. Die anderen verlieren permanent Dinge. Es sind zwei Welten, zwei Kulturen, zwei Zivilisationen, zwischen denen es keine Brücke gibt. Wer immer genau weiß, was er tut, niemals zwei Dinge gleichzeitig erledigt und sich von nichts in der Welt davon abbringen lässt, seine Handschuhe und seine Mütze vom Sitz neben sich aufzulesen, ehe er den Bus verlässt, wird auch niemals etwas verlieren. Er kennt das Gefühl nicht, dieses verzweifelte: *Eben war es doch noch da ... Das gibt's doch gar nicht! Wieso passiert mir das schon wieder? Wieso kann ich nicht* einmal *aufpassen? Wieso muss ich mit dem Handy telefonieren, auf die Uhr gucken und im Kopf eine Einkaufsliste verfassen, während ich den Bus verlasse, um im nächsten Moment festzustellen, dass Handschuh und Mütze weg sind?*

Der Verlierer quält sich mit tausend Fragen, ohne dass ihn irgendwer dazu auffordern müsste. Vor allem wenn der Fall nicht so einfach liegt wie im Bus, sondern Portemonnaie, Schlüssel, USB-Stick oder EC-Karte plötzlich spurlos in einem Paralleluniversum verschwinden.

Verlierer sind nicht dumm. Sie sind nur auf unheilvolle Weise unachtsam und zerstreut. Vor allem sind sie schon genug gestraft mit dem Verlust ihrer Wertsachen. Die wahrscheinlichsten Fundorte haben sie längst vergeblich abgesucht, nicht nur ein Mal, nein: zwei Mal, drei Mal, vier Mal. Fragen wie: *Hast du schon in deiner Hosentasche geguckt?* Oder *Bist du sicher, dass du es überhaupt mit hattest?* kommen da nicht so wahnsinnig gut an. Es ist, als ob man einen Ertrinkenden in Seelenruhe fragen würde, ob er Durst habe.

Der einzige Trost für einen Verlierer sind andere Verlierer. Wenn Sie sich selbst schon diverse Male für verrückt und dement erklärt haben, lehnen Sie sich jetzt zurück und genießen Sie folgende Zahlen: Auf europäischen Flughäfen werden pro Woche 3300 Notebooks aufgefunden. Jedes Jahr gehen in Deutschland Handys im Wert von 175 Millionen Euro verloren. In Bahnhöfen und Zügen lassen Deutsche pro Jahr 250.000 Gegenstände liegen. Und allein das Fundamt der Stadt Hamburg versteigert jährlich 50.000 Fundsachen, deren Eigentümer nicht ermittelt werden konnten.

Mein Rat als Betroffener: Akzeptieren Sie Ihre Zerstreutheit. Aktivieren Sie die Ortungsfunktion Ihres Handys und Ihres Laptops. Kaufen Sie für den Winter immer vier Paar Handschuhe. Und belohnen Sie sich mit einem Wellnessstempelbesuch, wenn Sie einen Monat lang nichts verloren haben. Für Sie und mich ist das schon eine riesige Leistung!

Fragen Sie niemals eine kinderlose Frau:

WILLST DU GAR KEINE KINDER?

Klassentreffen. Zwei Frauen unterhalten sich.
LANGHAARIGE FRAU: Und? Hast du Kinder?
KURZHAARIGE FRAU: Nee, also weißt du, dies ganze Kinderthema ...
LANGHAARIGE FRAU: Wollte dein Freund nicht?

KURZHAARIGE FRAU: Nee, der wollte unbedingt ... aber überleg doch mal: Das erste Jahr haben sie Bauchschmerzen. Mit drei kommen sie in die Trotzphase, in der Grundschule werden sie gemobbt, kurz danach kommen sie in die Pubertät und sind gar nicht mehr zu gebrauchen. Sind sie endlich ausgezogen, darfst du ihnen ein 18-semestriges Studium der Musikethnologie in Amsterdam und San Francisco spendieren, wo sie dein Geld verkiffen, dann ziehen sie wieder bei dir ein und warten, dass du stirbst, damit sie dein Erbe verprassen können. Wozu sollte man eigentlich Kinder bekommen?

LANGHAARIGE FRAU: Also, ich bin eigentlich ganz glücklich mit meinen dreien ...

KURZHAARIGE FRAU: Wie – DREI STÜCK? Du Arme. Hat dir das nie jemand mit der Verhütung erklärt?

LANGHAARIGE FRAU: Äh, doch!

KURZHAARIGE FRAU *(leise)*: Oder hat dein Mann dich dazu gezwungen?

Warum hat eine Frau keine Kinder? Aus hundert privatesten Gründen. Vielleicht wollte sie nie welche. Vielleicht geht sie lieber ins Theater. Vielleicht hat sie die Untersuchungen gelesen, nach denen Kinderlose glücklicher sind. Vielleicht hat sie in ihren Zwanzigern einfach nicht drüber nachgedacht und wollte dann plötzlich mit dreißig, aber ihr Partner nicht. Mit der Hoffnung, ihn irgendwann zu überzeugen, verlor sie weitere Jahre. Als sie sich endlich trennte, fand sie erst keinen neuen. Und als sie endlich einen fand, der auch wollte, war sie schon 37. Und wurde partout nicht schwanger. Mit 40 fingen sie mit künstlicher Befruchtung an. Eine quälende, langwierige Prozedur mit ungewissem Ausgang.

Eigene Kinder. Das Thema kann das Leben von Frauen, von Männern und von Paaren über Jahre verdüstern. Der Sex wird rein funktional, alle fühlen sich als Versager, aber der Wunsch lässt sich nicht abstellen. Alle Paare um einen herum bekommen ihre süßen Babys, das erste, das zweite, das dritte, und man selber? Wird bei jeder Gelegenheit von ahnungslosen Zeitgenossen gefragt, warum man denn noch keine Kinder habe! Von Paaren, die nur ein einziges Mal miteinander schlafen mussten, am fünften Tag der Regel, damit neun Monate später im Geburtshaus zu den Klängen von Mozarts fünftem Klavierkonzert unter dem Beistand einer homöopathischen Hebamme der fünf Pfund schwere Ole-Sebastian zur Welt kam. So grauenhaft ungerecht ist die Welt! Und daran wird man auch nichts ändern können. Das Einzige, was man tun kann: Die kinderlose Frau nicht noch mit dieser Frage zu behelligen. Seien Sie ein ganz klein wenig barmherzig. Oder auch ein ganz klein bisschen neidisch, wenn Sie mal wieder nicht in den tollen neuen Kinofilm gehen können, weil der Babysitter abgesprungen ist.

Fragen Sie niemals ein unverheiratetes Paar:

WARUM SEID IHR EIGENTLICH NOCH NICHT VERHEIRATET?

Zwei befreundete Pärchen beim Italiener: Henry & Allison und Thomas & Bärbel.

THOMAS: Sag mal, Henry, wie lange seid ihr jetzt eigentlich zusammen?

HENRY: Öhm ...

ALLISON: Sechs Jahre, fünf Monate und vier Tage.

BÄRBEL: Hahaha.

HENRY: Ich kann mir halt keine Zahlen merken.

THOMAS: Sagt mal, das wollte ich euch schon ewig fragen: Wann wollt ihr denn mal heiraten?

Henry und Allison sehen sich unsicher an.

BÄRBEL: Ihr seid doch ein Traumpaar! Ich würde auch was singen zu eurer Hochzeit! Mit meiner Bigband!

ALLISON: Du meinst diese Bigband aus Pinneberg?

BÄRBEL: Ja, genau! Die *Pinneswingers.* Das Lied kannst du dir aussuchen!

HENRY: Wo würdest du denn singen wollen? Standesamt, Kirche, private Feier?

BÄRBEL: Wo ihr wollt. Wenn ihr möchtet, zu allen drei Gelegenheiten!

ALLISON: Sieh mal, das ist genau das Problem.

THOMAS: Wieso? Was denn?

HENRY: Na, wisst ihr, mein bester Freund ist Lyriker. Der würde bei der Trauung seine Gedichte vortragen. Allisons beste Freundin ist Psychologin. Die würde auf der Feier den *Kleinen Prinzen* in voller Länge vorlesen. Und du kannst zwar nicht singen, fühlst dich aber wie eine Mischung aus Nina Simone, Billie Holiday und Ella Fitzgerald. Und um das alles zu verhindern, heiraten wir einfach nicht.

ALLISON: Was schade ist. Denn den Antrag hat er mir schon vor Jahren gemacht, und ich wäre eigentlich ganz scharf drauf.

THOMAS: Äh, wirklich?

BÄRBEL: Ich hab das eben nicht ganz verstanden. Hast du gerade gesagt, ich kann nicht singen?

Diese wunderschöne Frage gibt es in vielen gemeinen Varianten:

Wollt ihr nicht langsam mal heiraten? Wann machst du ihr denn endlich mal einen Antrag? Wann ladet ihr uns denn zu eurer Hochzeit ein? Wie sieht's eigentlich mit Heiraten aus? Zwinker!

Und wieder mal – wie so oft bei unnützen Fragen – treffen zwei Sorten von Menschen aufeinander. Für die einen ist klar: Wenn man länger als zwei Jahre zusammen ist, heiratet man. Grund dafür sind nicht mal knallharte finanzielle Überlegungen (»Ich liebe dich, ich liebe dich – der Freibetrag verdoppelt sich!«). Nein, manche empfinden das schlicht als selbstverständlich. Empfinden viele Menschen gleich, spricht man von einer Konvention. Konventionen ersparen es einem, Entscheidungen zu treffen, das ist das Schöne an ihnen. Unschön ist, dass sie einen daran hindern, selber über Dinge nachzudenken und dadurch andere Menschen zu verstehen. Zum Beispiel Paare, die nicht heiraten wollen. Aus verschiedensten Gründen:

a) Der philosophische Heiratsgegner: Er denkt, dass es unredlich ist, ein Versprechen abzugeben, von dem er nicht weiß, ob er es wird halten können – und das auch gar nicht wissen kann. Das Eheversprechen ist unbefristet. Woher aber soll ich wissen, ob ich den Partner auch in zwanzig Jahren noch lieben werde – und nicht vielleicht jemand ganz anderes?

b) Der schüchterne Heiratsgegner: Viele Menschen scheuen es, im Mittelpunkt zu stehen, alle Aufmerksamkeit auf sich zu ziehen und womöglich Gegenstand unzähliger lustiger Spielchen (»Ausziehen!«) zu werden. Für sie ist die Vorstellung, von 120 Freunden, Bekannten und Verwandten in der Kirche angeglotzt zu werden, während man eine künstliche Hochsteckfrisur und ein schlecht sitzendes weißes Kleid trägt, nicht Traum, sondern Trauma.

c) Der überforderte Heiratsgegner: Manche Menschen möchten gerne heiraten, dann aber mindestens im Disneyland Paris oder im Schloss Herrenchiemsee mit dem Trachtenverein, der Freiwilligen Feuerwehr, dem Ortsverband der CSU und dem musikalischem Beistand von Florian Silbereisen und Chris de Burgh. Das aber wäre so teuer, dass man das Ereignis so weit in die Zukunft verschiebt, bis Florian Silbereisen so alt ist wie heute Chris de Burgh.

d) Das zerstrittene Paar: Er will mit 2000 Gästen in der Sommerresidenz des Papstes heiraten, sie dagegen heimlich in Dänemark mit der allerbesten Freundin in der windschiefen Dorfkirche. Darüber haben sie sich schon so oft gestritten, dass inzwischen beide keine Lust mehr auf das Thema haben. Oder noch wahrscheinlicher: Sie wartet seit drei Jahren auf seinen Antrag, aber er ziert sich, hadert, schreckt zurück vor zu viel Nähe und Bindung, zumal er seit einem halben Jahr eine Affäre mit ihrer besten Freundin hat, die er aber auch nicht heiraten würde ...

Was es noch schlimmer macht: Diese vier Gründe können ohne Weiteres auch zusammen auftreten. Schüchtern, überfordert, grundsätzlich skeptisch und seit Längerem zerstritten: Die Hochzeitsfrage ist der Albtraum dieses Pärchens. Und dann kommen Sie mit Ihrer *Na-wann-traut-ihr-euch-denn-endlich?*-Frage. Begreifen Sie, was Sie da anrichten?

Natürlich sind gerade Freunde dazu da, die großen Fragen des Lebens zu verhandeln. Ich habe aber mehr als einmal erlebt, wie ein Paar sich in meiner Gegenwart in einen heillosen Streit über die Umstände einer möglichen Hochzeit verwickelte. Glauben Sie mir, es gibt kaum etwas Unangenehmeres, als Paaren beim Streiten zuzusehen.

Jeder soll nach seiner Fasson selig werden und heiraten oder nicht. Was ich dagegen wirklich nicht verstehe, ist, wieso jemand wie Joschka Fischer nach der vierten Scheidung ein fünftes Mal heiratet. Die erste Ehe hielt noch siebzehn Jahre. Die Ehen danach: drei Jahre, neun Jahre, vier Jahre. Lacht da wirklich niemand bei der feierlichen Eidesformel? Und was geht ihm dabei durch den Kopf? »Lieber Gott, lass es wenigstens fünf Jahre halten. Drei waren echt peinlich.« Oder: »Die Bunte will mich damit auf den Titel bringen!« Oder: »Da hab ich Gerd ja locker abgehängt.« Oder: »Noch vier und ich hab den Weltrekord von Zsa Zsa Gabor eingestellt!«

Fragen Sie niemals den Verwandten eines Promis:

WIE IST ES DENN SO ALS BRUDER/ SCHWESTER/SOHN/TOCHTER VON X?

An der Hotelrezeption. Gast füllt Formular aus. Hotelangestellter betrachtet den Zettel.

HOTELANGESTELLTER: Gut, Herr Grünlich, Sie haben Zimmer 37 im dritten Stock.

GAST: Danke.

HOTELANGESTELLTER: Sagen Sie ... Sie sind nicht etwa verwandt mit Felix Grünlich, dem Filmschauspieler?

GAST *(schreibt immer noch)*: Doch. Das ist mein Bruder.

HOTELANGESTELLTER: Felix Grünlich ist Ihr Bruder?

GAST: Ja.

HOTELANGESTELLTER: Ich ... das ist ja ... Wahnsinn! Ich bin so ein Fan Ihres Bruders! Ich hab alle seine Filme gesehen, ich kann die Dialoge mitsprechen! So köstlich, diese Szene in *Frauentausch*, wo er mit Til Schweiger im Puff ist ...

GAST *(ohne hochzuschauen)*: Ich kenne die Szene.

HOTELANGESTELLTER *(aufgeregt)*: Also ich bin *so* ein Fan ... können Sie das Ihrem Bruder vielleicht ausrichten?

GAST *(füllt immer noch das Formular aus)*: Auf jeden Fall.

HOTELANGESTELLTER: Wie ist das denn eigentlich so – als Bruder von Felix Grünlich?

GAST: Wunderbar.

HOTELANGESTELLTER: Ich meine, werden Sie oft auf ihn angesprochen?

GAST: Kaum. Höchstens zehn Mal am Tag.

HOTELANGESTELLTER *(lacht)*: Oh, das kommt mir jetzt aber doch viel vor ... nervt Sie das nicht auch manchmal?

GAST: Nie.

HOTELANGESTELLTER: Toll. Ich wäre ja auch sooo stolz, sein Bruder zu sein. So einen Bruder hat ja nicht jeder. Und da hat man doch bestimmt auch jede Menge Vorteile, könnte ich mir vorstellen ...

GAST: Vorteile?

HOTELANGESTELLTER: Ja! Premierenkarten ... Aufmerksamkeit ...

GAST *(legt Zettel und Stift hin und atmet tief ein und aus)*: So, jetzt werd ich Ihnen mal was sagen. Glauben Sie, ich kriege Felix überhaupt mal zu sehen? Alle zwei Jahre kommt er Heiligabend zwei Stunden zu Hause vorbei! Aber was glauben Sie, wie dann alle vor ihm buckeln?

HOTELANGESTELLTER: Er ist ja auch ein großer Schauspieler.

GAST: Ja. Und ich bin *Erdkundelehrer!*

Stellen Sie sich vor, sie wachen eines schönen Tages auf und sind gar nicht mehr sie selber. Sondern der Nachbar von Fritz Wepper, der Onkel von Boris Becker oder der Bruder von Uwe Ochsenknecht. Ein Albtraum, der nicht mehr aufhört.

Alles ist relativ. Deshalb sind im Vergleich zu einem Star alle um ihn herum Nieten. Versager. Sie fristen ihr Dasein in seinem Schatten – vor allem die Verwandten. Ihre Biografie wird zum

Kollateralschaden einer kulturellen Obsession, in der Prominente überschätzt, angebetet und vergöttert werden. Ein ganzes Zeitschriftengenre widmet sich der Frage, welche Unterhosen Brad Pitt trägt und wonach er morgens aus dem Mund riecht. »Ein Freund, der nicht genannt werden will, weiß, wie sehr Angelina darunter leidet.« Und so werden auch Sie als Bruder, Neffe oder Schwippschwager unweigerlich zum Zeugen, zur Quelle geheimer Informationen. Was könnte interessanter sein als die Frage, welche Trockenfrüchte Heiner Lauterbach in seinem Frühstücksmüsli bevorzugt?

Für die Kinder gibt es gar keinen Moment des Entrinnens. Nur: Promi-Kinder können auch ziemlich von ihren Eltern profitieren. Die meisten neuen Bücher, Bilder und Filme verschwinden im Nirwana der Nicht-Aufmerksamkeit. Nicht so, wenn die Tochter von Wolfgang Joop ein Kinderbuch schreibt. Das erfahren wir in den Tagesthemen.

Wirklich übel dran sind die Geschwister. Sie hatten dieselben Startbedingungen – und wurden dann gerade mal Studienrat oder Elektrohändler. Unter anderen Umständen gar nicht so schlecht. Aber als Bruder von Farin Urlaub oder Günter Grass?

Ich weiß, wie schwer es fällt. Aber tun Sie ihnen einen Gefallen – rühren Sie nicht in einer Wunde, die ohnehin nie heilt. Tun Sie so, als hätten sie von dem Promi-Verwandten noch nie gehört. Oder besser: Als wäre er Ihnen völlig egal. Noch besser: Befreien Sie sich tatsächlich von dem Gedanken, berühmte Menschen seien irgendwie besser, interessanter oder begabter als Unbekannte. Die faszinierendsten Menschen, die ich kennenlernen durfte, haben es zu keinerlei Ruhm gebracht. Und Promis sind fast immer eine Enttäuschung.

HABEN SIE WAS MIT ATOMBOMBEN ZU TUN?
Studium & Beruf

PATIENT: **Wach ich denn auch wieder auf nach der Narkose?**
NARKOSEARZT: **Da kann eigentlich nichts schiefgehen. Wenn Sie wieder aufwachen, freuen Sie sich. Und wenn nicht, können Sie sich darüber auch nicht mehr ärgern.**

Womit wir unser Geld verdienen wollen, gehört zu den schwierigsten Entscheidungen, die uns das Leben abverlangt. Was die Sache noch vertrackter macht, ist, dass man in unserem zertifikatverliebten Land für viele Berufe einen Hochschulabschluss braucht. Und dass es für viele Hochschulabschlüsse im Gegenzug gar keinen Beruf gibt. Was ist ein Germanist? Oder ein Ägyptologe? In der DDR wurden nur genauso viele Ägyptologen ausgebildet, wie gebraucht wurden. Vier pro Jahr. Gar keine so schlechte Idee.

Die meisten Leute wissen nicht einmal, worauf sie bei der Berufswahl achten sollen. Viele meinen, der Beruf solle »etwas mit Menschen« zu tun haben. Sie werden Erzieher oder Grundschullehrer, stellen überrascht fest, dass der Lärmpegel sehr hoch und das Gehalt sehr niedrig ist und bekommen mit 47 nach drei erfolglosen Gestalttherapien einen irreversiblen Burn-out. Warum sind sie nicht auf den Bau gegangen? Gerüstbauer haben auch sehr viel mit Menschen zu tun. Sie verdienen deutlich mehr, sind immer an der frischen Luft und können sich teures Krafttraining sparen. Ein unterschätzter Beruf, der kaum noch Auszubildende findet.

Für andere gibt es bei der Berufswahl nur einen Maßstab: Den Ferrari nach zehn Jahren. Dass ihre Arbeit darin besteht, sinnlose Versicherungspolicen oder Fondssparpläne zu verkaufen, merken sie zu spät. Und finden dann in anständigen Berufen keine Anstellung mehr. Ein Kriterium wird jedenfalls gnadenlos unterschätzt: Die Reaktion der Mitmenschen. Ob sie nach Insidertipps gieren, die exotische Berufswahl belächeln, sozialkritisch nachfragen oder einem die Sache schlicht nicht zutrauen – die Nerven werden in jedem Fall ruiniert. Mein Tipp: Behaupten Sie einfach, sie wären Verwaltungsfachangestellter. Das ist so langweilig, dass der andere sofort das Thema wechseln wird. Und Sie haben Ihre Ruhe.

Fragen Sie niemals eine Blockflötenstudentin:

KANN MAN DAS STUDIEREN?

In der überfüllten Mensa. Ein Student und eine Studentin sitzen sich gegenüber und verzweifeln anscheinend beide an der undefinierbaren Gulaschsuppe.

JUNGER MANN *(verzieht das Gesicht)*: Scheußlich, oder?

JUNGE FRAU *(seufzt)*: Allerdings!

JUNGER MANN: Und was studierst du so?

JUNGE FRAU: Blockflöte.

JUNGER MANN: Kann man das studieren?

JUNGE FRAU: Äh, wie meinst 'n das?

JUNGER MANN: Ob man das studieren kann! Ich meine, das ist doch kein ... kein richtiges ... Instrument ...

JUNGE FRAU: Ach, du hast gedacht, ich meine das *Instrument*?

JUNGER MANN: Äh, ja!

JUNGE FRAU *(leise)*: Das ist natürlich 'n Codename.

JUNGER MANN: Hä?

JUNGE FRAU *(kommt näher ran, spricht noch leiser)*: Flöte. Kapierst du nicht? Was heißt denn Flötenspieler auf Englisch?

JUNGER MANN: Keine Ahnung – was denn?

JUNGE FRAU *(noch leiser)*: Whistleblower. Checkst du?

JUNGER MANN: Wie jetzt? Arbeitest du für Wikileaks?

Lange Zeit gab es im politischen Kabarett in Deutschland drei todsichere Pointen: George W. Bush. Die FDP. Und Leute, die Blockflöte spielen. Erst verschwand Bush. Dann die FDP. Bleibt nur noch die Blockflöte. Ja, es gab die Dinger aus Plastik für 15 Mark, auf denen Grundschüler die C-Dur-Tonleiter lernen sollten. Eine typisch sozialdemokratische Idee: Soll für alle sein. Ist gut gemeint. Wird dann für alle ganz schaurig. Und erreicht das Gegenteil von dem, was es mal bewirken sollte. So wie Gruppenarbeit, Hochhaussiedlungen oder Gesamtschulen. Statt die Allgemeine Musiktheorie und die Liebe zu einem der ältesten Instrumente in die breite Bevölkerung zu tragen, hat es die Holzblockflöte zum Kinderspielzeug degradiert und für alle Zeiten dem allgemeinen Spott ausgesetzt.

Völlig zu Unrecht! Vergessen Sie einen Moment diese schrillen Sopranflöten, malträtiert von unmotivierten und unmusikalischen Sechsjährigen. Es gibt wunderbar warm klingende Alt-, Tenor- und Bassblockflöten. Es gibt riesige Blockflöten namens Großbass und Subbass. Es gibt Ensembles, die die weichen Klänge der Einzelflöten zu einem wunderbaren Gesamtklang verschmelzen, der ungeheuer virtuos und fröhlich daherkommen kann, aber auch berührend melancholisch. Ein unverbrauchter und fast unbekannter Klang – im Gegensatz zum klassischen Orchester. Gehen Sie einfach mal in ein Blockflötenkonzert. Lassen Sie sich überraschen! Und natürlich kann man Blockflöte studieren, an jeder deutschen und internationalen Musikhochschule. Denn es ist hinter der Geige das am zweithäufigsten gespielte und gelernte Instrument in Deutschland. 50.000 Blockflötenschüler brauchen qualifizierte Lehrer.

George W. Bush war ein gefährlicher Trottel. Aber über die FDP und die Blockflöte sollten wir noch einmal nachdenken. Es gehört viel Mut dazu, sich zum Liberalismus und zur Holzblockflöte zu bekennen. Von dieser Zivilcourage brauchen wir noch viel mehr!

Fragen Sie niemals eine junge Krankenhausärztin:

ABER WANN KOMMT DENN DER DOKTOR?

Visite im Krankenhaus. Eine junge Ärztin tritt an das Bett einer älteren Frau.

JUNGE ÄRZTIN: Guten Tag, Frau Meier. Mein Name ist Schmelzer, ich bin Ihre behandelnde Ärztin.

FRAU MEIER: Guten Tag, Frau Schmelzer.

JUNGE ÄRZTIN: Wir hatten Sie ja geröntgt und Ihr Blut untersucht. Ich muss Ihnen leider sagen, Sie haben eine Lungenentzündung.

ÄLTERE FRAU: Oje. Eine Lungenentzündung? Sind Sie sicher?

JUNGE ÄRZTIN: Ja, wir sind sicher.

ÄLTERE FRAU: Das ist ja schlimm! Weiß denn schon ein Arzt davon?

JUNGE ÄRZTIN: Ich bin Ihre behandelnde Ärztin.

ÄLTERE FRAU: Sie sind meine Ärztin?

JUNGE ÄRZTIN: Ja.

ÄLTERE FRAU: Ich dachte, Sie sind die Schwester ... Kommt denn nachher noch mal ein Doktor vorbei?

JUNGE ÄRZTIN: Nein.

ÄLTERE FRAU: Nicht?

JUNGE ÄRZTIN: Nein. Denn ich bin der Doktor, Frau Meier.

ÄLTERE FRAU: Aber, wenn es wirklich 'ne Lungenentzündung ist – muss sich das nicht mal 'n Arzt angucken?

Ich gebe zu, ich verstehe beide Seiten. Da ist eine Frau über siebzig, die erfährt, dass sie eine Lungenentzündung hat. Und vor ihr steht eine Frau, die aussieht wie eine wohlgenährte

Teenagerin und behauptet, dafür zuständig zu sein. Da kann irgendetwas nicht stimmen.

Auf der anderen Seite ist da eine junge Frau, die sechs Jahre Medizin studiert hat, inklusive eines Praktischen Jahres, und seit drei Jahren hauptberuflich als Ärztin arbeitet. Und jeden Tag gefragt wird: *Weiß denn schon ein Arzt davon? Müsste sich das nicht mal ein Arzt angucken? Wann kommt denn der Doktor?* Der Doktor – das ist anscheinend ein alter Mann mit Bart im weißen Kittel. Eine mythische Gestalt.

Leider ist die Angst der alten Dame vor inkompetenter Behandlung nicht ganz unbegründet. 2280 Behandlungsfehler gaben ärztliche Schlichtungsstellen in Deutschland zu – allein für das Jahr 2012. 82 Menschen starben in Folge eines Kunstfehlers. Offiziell. Die Krankenkassen kamen in ihren Gutachten für dasselbe Jahr auf 3930 Kunstfehler. Rechnet man akribische wissenschaftliche Studien aus den USA auf Deutschland hoch, dann wären es sogar 300.000 Schadensfälle und 30.000 Todesfälle durch ärztliche Fehlentscheidungen pro Jahr.

Wenig beruhigend ist auch, was der Vorsitzende der Schlichtungsstellen, Dr. Andreas Crusius, zur Verteidigung der Kunstfehler anführte: »Drei Viertel der Ärztinnen und Ärzte arbeitet im Durchschnitt mehr als 48 Stunden pro Woche. Ein Viertel ist pro Woche sogar 60 bis 79 Stunden im Dienst. Wundert es Sie da, dass ein völlig übermüdeter Arzt mitunter unkonzentriert ist oder nicht ausreichend präzise arbeitet?«

Dr. Crusius präsentierte dann sehr viele Zahlen: Wie viele Fehler auf Krankenhäuser entfallen (72,1 %) und wie viele auf niedergelassene Ärzte (27,9 %), wie viele Chirurgen beanstandet wurden (1999) und wie viele Gynäkologen (230). Aber die interessanteren Dinge erfahren wir nicht: Wer hat die meisten Kunstfehler begangen – Frauen oder Männer? Jüngere oder Ältere? Großstadtdoktoren oder Landärzte?

Viele Menschen geben viel Geld für eine Privatversicherung aus, die ihnen das Recht zusichert, vom Chefarzt operiert zu werden. Es gibt nur ein kleines Problem: Oft operieren Chefärzte gar nicht mehr regelmäßig. Sie sind schon ein wenig aus der Routine, nicht mehr auf dem neusten medizinischen Stand, etwas eitel, vielleicht schon ein bisschen fahrig oder zu selbstsicher. Die junge, topausgebildete, engagierte, aufmerksame, gewissenhafte, uneitle und hochkonzentrierte 27-jährige Ärztin ist vielleicht die bessere Wahl. Alter ist nicht gleich Kompetenz.

Im Übrigen gilt immer noch die alte Grundregel: Wer zuhört, ist klar im Vorteil. Wenn eine hübsche 27-Jährige Ihnen sagt, sie wäre Ihre behandelnde Ärztin, dann ist sie mit großer Wahrscheinlichkeit Ihre behandelnde Ärztin. Seien Sie froh, dass es eine junge Frau ist. Die bauen auch viel weniger Autounfälle als ihre männlichen Kollegen.

Sagen Sie direkt: »Ein Glück – eine junge Frau! Ich hatte schon Angst, vom Chefarzt behandelt zu werden!«

Sie werden die beste Behandlung der Welt kriegen.

Fragen Sie niemals einen Soziologiestudenten:

UND – WAS MACHT MAN DAMIT SO?

Auf einer Geburtstagsparty. Junge Frau und junger Mann am Buffet.
JUNGER MANN: Und woher kennst du Evelyn? Auch vom Studium?
JUNGE FRAU: Nee, ich studiere nicht Jura.
JUNGER MANN: Sondern?

JUNGE FRAU: Soziologie.

JUNGER MANN: Interessant ... und was macht man damit so?

JUNGE FRAU: Verschiedene Möglichkeiten. Taxifahren. Callcenter. Zeitarbeit. Oder Ministerpräsident in Schleswig-Holstein.

JUNGER MANN: Äh, wie?

JUNGE FRAU: Björn Engholm, kennst du den noch? Der hat auch Soziologie studiert.

JUNGER MANN: Echt?

JUNGE FRAU: Oder Max Weber, Jürgen Habermas, Ulrich Beck ... alles Soziologen.

JUNGER MANN: Sagt mir jetzt nichts. Waren das auch Politiker?

JUNGE FRAU: Weißt du was? Guck mal da drüben, die beiden Jungs mit der Ollie-Geißen-Frisur. Denen hab ich das vorhin ausführlich erklärt. Magst du die noch mal fragen? Die waren so begeistert, die wollen ab nächstem Semester auch Soziologie studieren.

JUNGER MANN: Ist das so was Ähnliches wie Sozialpädagogik?

»Was macht man damit so?« könnte eine neutrale Frage sein. Unverfänglich und interessiert. Es ist aber nur die höfliche Umschreibung für *Was ist das denn für ein exotischer und brotloser Unsinn? Wird da der Taxischein mit der Master-Urkunde gleich mitgeliefert?*

Die Soziologie hat es schwer. Ihr Gegenstand, die Gesellschaft, besteht aus einer Reihe von Teilbereichen – Kultur, Politik, Religion, Wirtschaft, Recht, Sprache –, mit denen sich jeweils eigene, hochangesehene Fachwissenschaften befassen. Beansprucht sie die Analyse des großen Ganzen für sich, kommen Historiker, Philosophen, Ethnologen und Anthropologen und machen es ihr streitig. In den Sechziger und Siebziger

Jahren des 20. Jahrhunderts kam ein plötzlicher Aufstieg: Die Soziologie avancierte zur Leitwissenschaft, die die großen sozial-liberalen Reformen vorbereitete und begleitete: Gesamtschule, BAföG, Demokratisierung der Universität, Entrümpelung des Strafrechts. Der Feminismus schuf sich seine Gender-Soziologie. Der Abstieg kam freilich genauso rapide: Was in den Siebzigern noch den Diskurs bestimmte, galt in den neoliberalen Neunzigern schon als vorgestrig. Nur dass der Neoliberalismus seit der Weltfinanzkrise selber keinen guten Ruf mehr genießt.

Wen interessieren solche Moden? Die Soziologie wird gebraucht! Wer sonst befasst sich mit Neuen Vätern und kriminellen Jugendlichen, mit Prekariat und Screen Generation, mit Glücksparadoxien, Zwei-Drittel-Gesellschaft und Globalisierung?

Die noch bessere Nachricht: *Soziologen* werden gebraucht! Sie arbeiten als Journalisten, Konsumforscher und Frauenbeauftragte, als Stadtplaner und Coaches, in Marketing, Personalwesen, Wissenschaft und Werbung. Die Akademikerarbeitslosigkeit in Deutschland lag 2011 bei 2,4 %. Wirtschaftsexperten sprechen von Akademikervollbeschäftigung. Dafür ist jeder Fünfte arbeitslos, der keinen Schulabschluss hat.

Also, was macht man damit so, mit all den Fächern, die nicht direkt zu einem Beruf führen: Soziologie, Philosophie, Politologie, Germanistik oder Ethnologie? Manchmal jedenfalls interessantere Dinge, als wenn man BWL studiert hat. Was an der Frage so nervt, ist die unausgesprochene Skepsis. Warum die Skepsis nicht aussprechen? Warum nicht sagen: »Ich weiß zwar nichts darüber, aber ›Soziologie‹ klingt für mich so, als könnte man damit überhaupt kein Geld verdienen! Irre ich mich vielleicht?« Und schon sind Sie mitten in einem interessanten Gespräch.

UND WAS IST EIGENTLICH DIE BESTE GELDANLAGE?

*Kreta, am Strand von Agia Galini. Zwei Männer auf Strand-
liegen. Im Hintergrund spielen die Frauen mit den Kindern.*

ERSTER MANN: Aber ich bin ja nicht einfach nur Lehrer. Ich
bin Stundenplankoordinator, verstehst du? Ein total verant-
wortungsvoller Job. Und extrem aufwendig und komplex.
Allein das mit den halben und Dreiviertelstellen alles hinzukrie-
gen ... und dazu noch die herausfordernden Schüler ... was
machst du denn eigentlich?

ZWEITER MANN: Ich bin bei der Deutschen Bank.

ERSTER MANN: Echt? Du bist Banker?

ZWEITER MANN: Ja. Hauptsächlich im Bereich Anlagebera-
tung.

ERSTER MANN: Wow. Klingt spannend. Sag mal *(beugt sich
vor, leiser)* jetzt mal ganz ehrlich: Was ist denn im Moment die
beste Geldanlage?

ZWEITER MANN *(ganz leise)*: Du meinst, ganz ehrlich? Nicht,
was wir den Leuten offiziell so erzählen?

ERSTER MANN: Genau.

ZWEITER MANN *(fixiert ihn, nach einer Pause)*: Kannst du
schweigen?

ERSTER MANN: Natürlich.

ZWEITER MANN: Gut. Weil, das ist wirklich top secret. Das
sag ich sonst nur echten Premiumkunden. Und auch nur,
wenn die richtig dicke Extraprovisionen über den Tresen
schieben.

ERSTER MANN *(erbleicht)*: Nee, ist klar.

ZWEITER MANN: Aber wenn das auffliegt, das sind echt Insiderinformationen, da krieg ich riesige Probleme. Da bin ich meinen Job los.

ERSTER MANN: Auf mich kannste dich verlassen. Hundertprozentig.

ZWEITER MANN: Hand drauf?

Sie reichen sich die Hände.

ZWEITER MANN *(sehr leise)*: Also. Die nächste Währungsreform liegt ja schon bei Merkel in der Schublade. Ist alles schon entschieden. Nur noch eine Sache von Monaten.

ERSTER MANN: Nein!

ZWEITER MANN: Und dann ist das ganze schöne Geld nix mehr wert. Aber was ist dann noch was wert?

ERSTER MANN: Häuser?

ZWEITER MANN *(lacht kurz)*: Sehr witzig. Lebensmittel. Haltbare Lebensmittel. Und zwar nicht irgendwelche chinesische Bambussprossen oder indische Tofuwürstchen. Sondern?

ERSTER MANN: Na?

ZWEITER MANN *(sehr leise und beschwörend)*: Kartoffeln!

ERSTER MANN *(ungläubig)*: Du meinst, ich soll ... Kartoffeln kaufen?

ZWEITER MANN *(nickt)*: In rauen Mengen. Tonnenweise. Du brauchst Lagerräume. Schuppen. Keller. Und dann: Linda, Agria und Sieglinde. Vergiss Schweizer Franken, norwegische Kronen und australische Dollar. DAS ist die Währung der Zukunft.

ERSTER MANN: Kartoffeln?

ZWEITER MANN: Der nächste Bill Gates wird durch Kartoffeln reich. Das lernen wir in jedem unserer Geheimseminare.

ERSTER MANN: Aber ... wenn ihr das alle wisst ... habt ihr dann nicht schon alle Ernten aufgekauft?!

ZWEITER MANN: Klar.

ERSTER MANN: Aber dann ist ja gar nichts mehr über!

ZWEITER MANN: Genau.

ERSTER MANN: Aber – was soll ich denn jetzt machen?

ZWEITER MANN: Den Stundenplan fürs nächste Halbjahr?

Hier kommen gleich drei unglückliche Umstände zusammen. Erstens haben wir immer zu wenig Geld. Als Studenten sind wir zwar noch mit einem Bruchteil davon ausgekommen, aber heute verschwindet es auf rätselhafte Weise: Im Schnuppertauchkurs unseres siebenjährigen Sohnes. In der Zahnzusatzversicherung. Und in der nächsten Autoreparatur (»Muss alles neu gemacht werden.«).

Zweitens haben wir keine Ahnung von Geld. Wir verstehen nichts von Prozentrechnung, nichts von Zins und Zinseszins, und wir können nicht mal unsere Steuererklärung alleine ausfüllen. Wir wissen nur, dass man für Festgeld im Moment ein Prozent bekommt, dass die Immobilienpreise auf eine Blase zusteuern und mit Aktien und Währungen so viel spekuliert wird, dass Roulettespielen dagegen wie eine grundsolide Anlageform aussieht.

Drittens gibt es zwar jede Menge Leute, die uns finanziell beraten wollen – aber nur, um ihr *eigenes* Vermögen zu mehren. Spätestens seit den Prozessen gegen den AWD und die Hamburger Sparkasse wissen wir, welche hohen Provisionen Finanzberater kassieren, wenn sie uns hochriskante oder wertlose Produkte wie Film- oder Werftenfonds andrehen. Wir wissen, dass die Berater uns nach wenigen Sekunden psychologischen Typen zuordnen, um uns dann passgenau mit Argumenten zu versorgen. Argumente, mit denen wir die teure Fehlentscheidung dann vor uns selbst, unserem Partner und unseren Freunden rechtfertigen können. Wir wissen auch, dass die Vorgesetzten den Beratern genau vorschreiben, wie viele Riesterrenten, Ausbildungsversicherungen und Fondssparpläne sie diese Woche verkaufen müssen.

Dann wittern wir die Chance unseres Lebens. Wir begegnen in der Vamos-Ferienanlage auf Kreta einem Banker – ganz privat! Kein Vorgesetzter in Sichtweite. Jetzt gelangen wir an das Spezialwissen, das die sonst immer für sich behalten. Wir werden in Geld schwimmen. Arbeit war gestern. Weiße Villen auf Lanzarote, 30-Meter-Yachten, Luxus-Escorts. Und jede Menge Whiskey.

Leider muss ich Ihre Träume kurz mit einer schlechten Nachricht unterbrechen: Selbst wenn der Banker Sie ganz schrecklich mag – er wird Ihnen nicht helfen können. Und zwar aus drei Gründen.

Erstens: Er ist kein Prophet. Enron ging pleite, Lehman, die Sachsen-LB, die IKB, Schlecker, Karstadt, Praktiker. Und niemand hat es kommen sehen. Kein Experte hat die Weltfinanzkrise, Fukushima oder die Arabellion vorausgesehen. Niemand kann in die Zukunft sehen. Das wäre aber nötig, denn nahezu alle Geldanlagen sind Wetten. Kweku Adoboli hatte 2011 für die UBS darauf gewettet, dass der Schweizer Franken weiter steigt. Und alles hatte dafür gesprochen. Dann entschied die Schweizer Regierung, diesen Aufstieg zu stoppen. Die UBS verlor 2,3 Milliarden Dollar. Und Adoboli musste sieben Jahre in den Knast.

Zweitens: Wenn der Banker ein todsicheres Rezept wüsste – wäre er dann noch Bankangestellter? Würde er sich mit einem Vamos-Familienzimmer zufriedengeben? Sie kennen die falschen Leute. Drogen und Geldwäsche, das sind Gewinnspannen. Aber diese Leute machen woanders Urlaub. Und können Sie überhaupt mit Handfeuerwaffen umgehen?

Drittens: Wenn es ein todsicheres Rezept gäbe – wie lange würde es geheim bleiben? Und funktionieren? Der *Long Term*

Capital Management Hedgefonds (LCTM) glaubte 1994, so ein Rezept gefunden zu haben. Unter den Direktoren waren die späteren Nobelpreisträger Myron Scholes und Robert Merton. In den ersten drei Jahren erzielten sie mit ihren neuartigen Währungsspekulationen 30 bist 40 Prozent Rendite. Dann wurden sie 1998 von der Währungskrise in Russland überrascht und verloren alles. Am Ende standen einem Vermögen von 2,1 Milliarden Dollar ›Außenstände‹, also Zahlungsversprechen, in Höhe von 1250 Milliarden Dollar gegenüber. Der berühmte Hebeleffekt hatte die Verluste vervielfacht.

Es gibt nur ein todsicheres Rezept, Geld zu verdienen: Insiderwissen. Wenn Sie am 24.7.2013 gewusst hätten, dass der Springer Verlag am folgenden Tag alle Zeitungen und Zeitschriften außer WELT und BILD für 920 Millionen Euro verkaufen würde, hätten Sie richtig verdienen können. Springers Aktienkurs stieg am Tag der Bekanntgabe um mehr als 20 Prozent. Nur – Insiderhandel ist strafbar. Der Milliardär Raj Rajaratnam wurde 2011 in den USA genau deswegen zu elf Jahren Haft verurteilt. Denken Sie mal eine Sekunde nach: Er war schon Milliardär. Und dann musste er elf Jahre ins Gefängnis, weil er noch mehr Geld verdienen wollte. Das sinnloseste Verbrechen der Welt.

Warum erfinden Sie nicht einfach ein Bier, von dem man abnimmt? Ein Sofa, von dem man Bauchmuskeln bekommt? Oder ein Handy, mit dem man auch im ICE guten Empfang hat? Dann wird der Banker auf Kreta Sie mit der Frage nerven, wie Sie auf diese geniale Idee gekommen sind. Bitte erwähnen Sie dann dieses Buch. Von irgendwas muss ich ja auch leben.

HABEN SIE NICHT AUCH 'NE MACKE?

Klassenfest auf dem Schulhof. Ein Vater und eine Mutter kommen ins Gespräch.

MUTTER: Und Sie sind also der Vater von Jonathan?

VATER: Genau.

MUTTER: Gordon und Jonathan verstehen sich ja sehr gut in letzter Zeit.

VATER: Ja, absolut.

MUTTER: Und was machen Sie so beruflich?

VATER: Ich bin Psychologe. Also, Psychotherapeut.

MUTTER *(rückt etwas ab)*: Analysieren Sie mich jetzt gerade?

VATER: Warum sollte ich?

MUTTER: Na, um meine ganzen Komplexe rauszukriegen.

VATER: Sie sind doch nicht meine Patientin.

MUTTER *(misstrauisch)*: Psychologe ... Warum haben Sie das denn überhaupt studiert? Haben Sie nicht auch 'ne Macke?

VATER *(plötzlich leise, verschwörerisch)*: Macke? Macke ist noch stark untertrieben. Ich habe *massive* psychische Probleme!

MUTTER: O Gott, was denn bloß?

VATER: Das möchten Sie gar nicht wissen. Ich habe ganz starke Aggressionen gegen Versicherungsvertreter, Handwerker und Lehrer. Und vor allem gegen kleine Kinder. Denen würde ich am liebsten den Hals umdrehen.

MUTTER: Wie schrecklich! Haben Sie denn mal versucht, etwas dagegen zu unternehmen?

VATER: Natürlich – deshalb habe ich ja Psychologie studiert. Aber wissen Sie was?

MUTTER: Was denn?

VATER: Die sind da alle noch viel kränker als ich! Gehen Sie NIEMALS zu einem Psychotherapeuten! Die sind entweder pervers, schizophren oder paranoid. Das wollen Sie gar nicht wissen, was in diesen sogenannte »Therapien« in Wahrheit stattfindet ...

MUTTER: Meine Güte ... Danke für den Hinweis! Ich hatte schon überlegt, mal eine Therapie gegen meinen Putzzwang zu machen, aber jetzt ...

VATER: Bloß nicht! Aber das waren jetzt alles vertrauliche Infos, ich hoffe, das ist klar.

MUTTER: Auf jeden Fall. Von mir erfährt niemand was!

2012 behandelten 21.000 Psychotherapeuten in Deutschland fast vier Millionen Klienten – für ein Gesamthonorar von 1,5 Milliarden Euro. Und das war nur 2012. Geht das so weiter, hat in 20 Jahren jeder Deutsche eine Psychotherapie hinter sich. Man könnte also glauben, das sei völlig normal, akzeptiert und selbstverständlich. Pustekuchen.

Psychologen lösen eine Reihe von Reaktionen aus:

1. Befremden. Das liegt oft daran, dass sie mit Psychiatern verwechselt werden, die Psychotiker behandeln (»Irre«).

2. Angst. Typischerweise ist es die Furcht, durchschaut und manipuliert zu werden. Man fühlt sich nackt, ausgezogen und einem Gefühlszauberer ausgeliefert. Darauf folgt

3. Abwertung. Wer Psychologie studiert, so wird unterstellt, muss selbst einen Hau haben, eine Macke, ein massives Problem. Das wollte er lösen, deswegen ist er Therapeut geworden. Eine merkwürdige Denkfigur. Würde man einen Orthopäden fragen, ob er immer schon Knieprobleme hatte? Oder einen Hautarzt, ob er schon lange unter Neurodermitis leide? Es ist eine Art psychologisierender Präventivschlag: Bevor der Psy-

chologe mich durchschaut, erkläre ich ihm, wie glasklar ich ihn bereits durchschaut habe. Wäre ja gelacht!

Das ist aber nur die erste Skepsis. Bleibt der Psychologe (natürlich meine ich auch alle Psychologinnen) freundlich, verschiebt sich die Szenerie sehr schnell. Das ist ja die Chance, denkt sich der andere, ohne großartigen Kassenantrag oder privates Honorar eine kostenlose Schnelltherapie zu bekommen! Und schon erfährt der Psychotherapeut, der eben noch als mackenbeladener Spinner enttarnt wurde, dass sein Gegenüber fremdgeht und außerdem unter massivem Waschzwang leidet, unter Essstörungen, Depressionen und Zalando-Sucht. Psychologen können gar nicht so schnell »Ich geh noch mal eben zum Buffet« sagen, so rasch erzählen Wildfremde ihnen ihre gesamte Lebens- und Leidensgeschichte. Meist kommt der Psychologe gar nicht mehr zum Buffet oder zum Grill, weil er sich noch in aller Ausführlichkeit die Geschichten vom spielsüchtigen Adoptivvater, vom kiffenden Stiefsohn und vom Suizidversuch der Mutter anhören muss. Da erscheint es unhöflich, das Gespräch wegen einer Bratwurst zu unterbrechen. Ich will nicht sexistisch erscheinen, aber besonders Frauen neigen dazu, ihre seelischen Probleme dem vom Himmel geschickten Therapeuten vor die Füße zu legen. Ganz unverbindlich, aber nicht ohne die Hoffnung auf Instantlösung.

Was sich anscheinend niemand klarmacht: So wenig, wie ein Zahnarzt im Supermarkt einen linken Backenzahn begutachten will, so wenig möchte eine Psychologin auf einem Schulfest einen Kontrollzwang diagnostizieren und sich anhören, wie oft Sie jeden Tag zurückrennen um nachzusehen, ob Sie auch wirklich Ihre Haustür abgeschlossen haben. Sie könnte antworten: »Ihr Vertrauen ehrt mich. Aber ich möchte jetzt noch gern mit dem Klassenlehrer reden.« Oder: »Ihre

Distanzlosigkeit ist erschreckend. Sie kennen mich doch überhaupt nicht!« Oder: »Sie reden jetzt schon eine Stunde auf mich ein. Macht 150 Euro.«

Das wird sie aber leider nicht tun. Sie ist Psychologin, sie leidet unter einem Helfersyndrom. Und genau das sollten Sie nicht ausnutzen! Nein, gehen Sie mit ihrem Kontrollzwang schön zu einem regulären Verhaltenstherapeuten, die Kasse zahlt es. Und nachher fühlen Sie sich so befreit wie nach einer Beichte oder einer Begradigung der Nasenscheidewand. Einmal abschließen reicht nämlich!

Fragen Sie niemals einen Fitnesstrainer:

WAS IST EIGENTLICH DIE BESTE BAUCHMUSKELÜBUNG?

Älterer, dickerer Mann mit Flasche Sekt in der Hand klingelt an einer Wohnungstür. Junger, athletischer Mann öffnet.

ÄLTERER MANN: Hallo. Ich wollte mich nur mal kurz vorstellen: Ich bin der neue Nachbar aus dem ersten Stock, der Jürgen.

JÜNGERER MANN: Hi, ich bin Thomas. Komm doch rein.

ÄLTERER MANN *(im Reingehen)*: Mensch, ist ja viel heller hier als bei mir!

JÜNGERER MANN: Ja, zwei Stockwerke machen viel aus.

Sie gehen in die Küche.

ÄLTERER MANN: Und was machst du so beruflich?

JÜNGERER MANN: Ich bin Fitnesstrainer.

ÄLTERER MANN: O Fitnesstrainer – cool! Da muss ich dich gleich mal was fragen. Was ist eigentlich die beste Bauchmuskelübung?

JÜNGERER MANN: Für wen?

ÄLTERER MANN: Für mich natürlich!

JÜNGERER MANN *(sieht ihn an, überlegt)*: Okay ... Wie viel wiegst du genau?

ÄLTERER MANN: 92 Kilo, wieso?

JÜNGERER MANN: Und machst du schon Fitness?

ÄLTERER MANN: Ja. Einmal die Woche Kieser.

JÜNGERER MANN: Hmm ... Also ... kannst du dir ein Jahr Urlaub nehmen?

ÄLTERER MANN: Wieso?

Anziehend sein. Sexy sein. Ein großes Ziel. Ein schönes Ziel. Gerade für Männer. Ich möchte es in keiner Weise schlecht machen. Nur ist es nicht ganz leicht, dieses Ziel zu erreichen, wenn man nicht gerade Schwimmer, Kitesurfer oder Kletterer ist. Unsere westliche Kultur ist nämlich gelinde gesagt schizophren. Niemand wäre heute gerne ein römischer Sklave, der ohne maschinelle Hilfe, mit bloßer Muskelkraft in praller Sonne Straßen und Aquädukte baut. Aber wir wollen alle genauso aussehen: braungebrannt und durchtrainiert. Es ist hundertmal höher angesehen, in einer Werbeagentur oder einem Architekturbüro zu arbeiten. Aber von dieser Arbeit bekommt niemand Muskeln oder braune Haut. Wir gehen dann ins Solarium und Fitnessstudio, um so auszusehen, als würden wir neben unserem Leben als Architekt noch eins als Baumschulhilfsarbeiter führen.

Die Muskeln, die wir uns dabei antrainieren, benötigen wir für keine einzige unserer täglichen Verrichtungen. Sie haben rein kosmetischen Zweck. Trotzdem trainieren wir hart dafür.

Und jetzt kommt das Gemeine: Trotz des Trainings will sich der Waschbrettbauch einfach nicht einstellen. Die Bauchmuskeln sind da – unter einer wärmenden Fettschicht. In seinem Buch »Die Wahrheit über Bauchmuskeln« schreibt Michael Geary: »Männer müssen unter 10–11 % Körperfett kommen, damit man ihre Bauchmuskeln wirklich sehen kann (sie treten erst bei 7–8 % richtig hervor) und Frauen unter 16–19 %.« Geary schätzt, dass nur zwei bis drei Prozent der Bevölkerung so wenig Körperfett haben. Seine gute Nachricht: Das kann jeder schaffen. Indem man seine Ernährung umstellt und vier Mal die Woche eine Stunde intensiv trainiert. Mit einem Set von etwa 50 verschiedenen Übungen. Nichts leichter als das! Wenn man keine Kinder hat, keinen Job, keinen Haushalt und keine Freundin. Sobald man diese Freundin gefunden hat, kann man die mühsame Prozedur glücklicherweise wieder einstellen. Menschen in Beziehungen sind im Schnitt zehn Prozent dicker als Singles.

Es ist ungerecht. Frauen haben Wonderbras, Push-ups, hautfarbene Auflagen und Silikonimplantate, damit es zumindest so aussieht, als wären sie supersexy. Männer laden sich für 20 Euro *Die Wahrheit über Bauchmuskeln* herunter, lesen die Einleitung und geben frustriert auf. Oder sie gehen zwei Jahre zu Fitness First, verlieren 2000 Euro, ruinieren ihre Leisten, Sehnen und Bänder und sehen am Ende genauso aus wie vorher.

Die Hoffnung stirbt zuletzt. Es gibt eine Zeitschrift in Deutschland, die von dieser Hoffnung lebt. Sie heißt *Men's Health*. Und hat immer dasselbe Titelbild: ein junger Mann in Jeans und nacktem Oberkörper, mit Heldenbrust und Sixpack. Zwischen folgenden Headlines:

Februar 2014:
Wie Sie über 400 Muskeln mit nur 1 Übung trainieren
Sofort mehr Sex!
Weg mit der Wampe

März 2014:
Starke Arme & ein hartes Waschbrett
Sex-Countdown: Von der Bar ins Bett in nur 3 Stunden
Wie Männer richtig abnehmen

April 2014:
Sofort sichtbar Muskeln aufbauen
100 Tage Sex nonstop!
36 Fettkillertricks

Immer mehr Muskeln. Immer mehr Sex. In nur 3 Sekunden. Mit einem Trick.

Und dann gibt es noch die allerletzte Hoffnung: Der Fitnesstrainer, dem Sie zufällig privat begegnen. Der wird Ihnen das Geheimnis verraten. Sie müssen ihn nur fragen: *Was ist eigentlich die beste Bauchmuskelübung?*

Was halten Sie von dieser Alternative: Kaufen Sie sich einen schicken Anzug. Und lassen sich eine coole Frisur schneiden. Das schaffen Sie in 24 Stunden. Es wird Ihre Attraktivität um 100 Prozent erhöhen. Ganz ohne Bänderüberdehnung und Fitnessstudiomitgliedsbeiträge.

HABEN SIE WAS MIT ATOMBOMBEN ZU TUN?

Wohnungsbesichtigung. Ein Mann ist durch die Wohnung geschlendert, tritt dann zu der Eigentümerin, die verkaufen will, an den Küchentisch.

INTERESSENT: Toll, die Wohnung. Ich wäre sehr interessiert.

VERKÄUFERIN: Und der Preis ist für Sie auch in Ordnung?

INTERESSENT: Auf jeden Fall.

VERKÄUFERIN: Sie hätten das Geld auch zur Verfügung?

INTERESSENT: Ich bin jetzt nicht ganz arm. Ich bin Physiker.

VERKÄUFERIN: Physiker? *(erschrickt)* Haben Sie da was mit Atombomben zu tun?

INTERESSENT: Nein, ich arbeite am DESY. Das deutsche Elektronen-Synchrotron.

VERKÄUFERIN: Und da haben Sie nichts mit Atombomben zu tun?

INTERESSENT: Also ... im Prinzip nein. Oder, nur am Rande.

VERKÄUFERIN: Wie meinen Sie das, am Rande?

INTERESSENT: Also, ich will sagen, es ist ein streng geheimes Projekt der Bundesregierung.

VERKÄUFERIN: O Gott, dürfen Sie denn überhaupt davon erzählen?

INTERESSENT: Eigentlich nicht.

VERKÄUFERIN: Ach so. *(leiser)* Worum geht es denn da?

INTERESSENT: Es ist so ... eigentlich sind uns Deutschen ja die Hände gebunden. Von wegen Atomwaffensperrvertrag und so.

VERKÄUFERIN: Klar.

INTERESSENT: Die Amis und Engländer wollen uns da raus-
halten ... *(flüsternd)* aber das lassen wir uns nicht gefallen!
VERKÄUFERIN: Sehr gut!
INTERESSENT: Wir haben Kontakt zu anderen Mächten auf-
genommen. Der ganze Teilchenbeschleuniger ist nur ein Vorwand für unsere A-Waffen-Forschung. Wir entwickeln ... die
tragbare Atombombe!
VERKÄUFERIN: Wirklich?
INTERESSENT: Ja, in Zusammenarbeit mit Teheran, Ramallah
und Pjöngjang.
VERKÄUFERIN: Aber das sind doch ...
INTERESSENT: Psst! Ich fürchte, ich habe schon viel zu viel
verraten. Was ist denn jetzt mit der Wohnung?
VERKÄUFERIN: Ja, warum nicht ... Meine Güte ... ein Physiker ... haben Sie nicht manchmal Angst vor Ihren eigenen Erfin-
dungen?

Warum diese Frage? Es muss an Dürrenmatts *Physiker* liegen,
jenem Theaterstück, in dem sich der geniale Atomphysiker
Möbius aus Angst vor den apokalyptischen Folgen der von ihm
entdeckten Weltformel in ein Irrenhaus zurückzieht – am Ende
vergeblich. Physik = Atomphysik = Atombombe. Dass die Atombombe schon weitgehend erforscht und entwickelt ist, dass wei-
tergehende Studien in Deutschland gar nicht stattfinden, und
dass Physiker auch so harmlose Dinge wie das Hebelgesetz, das
Gesetz der Trägheit oder die Gravitation entdeckt haben, spielt
alles keine Rolle. Physiker sind unheimlich und verdächtig.
Dementis fruchten nicht. Nein, sie beweisen umso mehr, wie tief
der Physiker schon verstrickt ist in diabolische Forschungen,
die unausweichlich zur Auslöschung der Menschheit führen.
Übrigens: Für das Manhattan-Projekt, das zwischen 1942
und 1945 die erste Atombombe in den USA baute, arbeiteten

zeitweise 160.000 Menschen und es verschlang über zwei Milliarden Dollar (umgerechnet auf die Kaufkraft von 2012: 25,8 Milliarden Dollar). Dennoch war die Geheimhaltung so perfekt, dass bis zum ersten Bombenabwurf niemand aus dem amerikanischen Kongress etwas davon wusste. Die Wahrscheinlichkeit, dass ein Atombombenforscher Ihnen am Strand von Mallorca oder beim Elternabend technische oder politische Details seiner Arbeit verrät, ist also noch geringer, als den europäischen Lotto-Jackpot zu knacken. Oder beim Callcenter der Telekom auf einen kompetenten Mitarbeiter zu treffen.

Fragen Sie niemals einen Tontechniker:

WAS SIND DAS ALLES FÜR KNÖPFE? DARF ICH AUCH MAL DREHEN?

Vor der Bühne. Das riesige Tonpult bei einem Open-Air-Konzert. Gleich wird eine deutsche Soulband auftreten und alles geben. Der Tontechniker mit Bob-Marley-Frisur und Sonnenbrille wartet mit einer Flasche Astra auf den Konzertbeginn. Ein Open-Air-Besucher nähert sich.

BESUCHER: Sagen Sie, was sind das eigentlich alles für Knöpfe?

TONTECHNIKER: Das sind Drehknöpfe. Da kann man dran drehen.

BESUCHER: Und wissen Sie, wofür die alle sind?

TONTECHNIKER: Auch nicht so wirklich. Der richtige Tontechniker ist krank. Ich bin bloß der Bruder.

BESUCHER: Ach! Also, Sie wissen nicht, wofür die sind?

TONTECHNIKER: Doch, ich glaube diese Reihe hier ist für die Luftfeuchtigkeit. Dieser hier ist für die Temperatur. Und mit diesem Knopf hier kann man die Lautstärke des Applauses regeln.

BESUCHER: Aber der Applaus kommt doch von den Zuschauern?!

TONTECHNIKER: Eigentlich ja. Ich versteh das auch nicht ganz. Mein Bruder hat mir das so erklärt.

BESUCHER: Aha. *(überlegt, guckt)* Sagen Sie mal, darf ich auch mal drehen?

TONTECHNIKER: Klar. Aber bitte nicht den Regenknopf. Dann fängt's tierisch an zu schütten.

BESUCHER: Echt? Welcher ist denn das?

TONTECHNIKER: Oh, weißt du was, ich muss echt dringend aufs Klo, und es geht gleich los. Kannst du vielleicht die erste Viertelstunde für mich regeln?

BESUCHER: Äh, Moment ... ich?

TONTECHNIKER: Da kommt auch schon die Band ... also bitte nichts am Monitorsound ändern ... ich bin gleich wieder da ...

BESUCHER: Sie sind gleich wieder da? Wann denn?

TONTECHNIKER *(im Weggehen)*: Ich beeil mich! Und dran denken: Immer schön vom Körper wegregeln!

BESUCHER: Wie!?

Der Mann am Pult hat's nicht leicht. Einerseits ist er total wichtig. Die fetten Beats, der sägende Gitarrensound, die satten Bläserriffs, der wuchtige Bass, die durchdringenden Vocals – das macht alles er. Ohne seine Tontechnikmagie würde Metallica klingen wie die Begleitband von Annett Louisan. Er macht den ganzen Tourstress mit, er kreiert das Sounderlebnis, das den Leuten ins Herz, in den Magen und in die Beine geht, und dennoch wird er nie richtig als Teil der Band betrachtet. Er verdient viel schlechter, und Groupies hat er natürlich auch keine. Gehen Sie davon aus, dass sich hinter seiner Coolness keine Lässigkeit verbirgt, sondern ziemlich schlechte Laune.

Und dann kommt ein Zuschauer nach dem anderen und stellt diese dusseligen Fragen. Dabei ist es doch auch für den Laien gar nicht so schwer zu verstehen. Die Knöpfe regeln Einzelheiten des Sounds: die Gesamtlautstärke, die Lautstärke einzelner Frequenzen, Hall, Echo, Verzerrungen. Und das für alle Klangquellen auf der Bühne: Gesang, Schlagzeug, Gitarre, Keyboard, Bass, Bläser. Um die ideale Einstellung zu finden, haben Tontechniker und Band zusammen einen sehr, sehr langen Soundcheck absolviert. Würden Sie auch in einem Flugzeugcockpit fragen, ob Sie mal eben an den Knöpfen drehen dürfen? Eben. Seien Sie froh, wenn der Tontechniker Sie und Ihre Fragen komplett ignoriert. Das ist noch das Beste, was Sie erwarten können, wenn Sie älter als sieben sind. Meistens verfügen diese Leute über einige Körperkraft, da sie oft das ganze, schwere Equipment schleppen und aufbauen müssen. Wenn Sie mir das nicht glauben, probieren Sie es ruhig mal aus. Nerven Sie immer weiter, fragen Sie nach jedem einzelnen Knopf, drehen Sie mal hier, mal da. So lange, bis der Tontechniker ganz langsam die Zigarette ausdrückt und sich Ihnen zuwendet. Wie heißt der Hit der Hamburger Metalband Ohrenfeindt: *Auf die Fresse ist umsonst.*

DARF'S EIN BISSCHEN MEHR SEIN?
Kunden & Klienten

POLIZEICHEF: **Ich will Sie in diesem Bezirk nie wieder sehen, nie wieder! Haben Sie mich verstanden?**

LEBOWSKI: **Entschuldigung, was haben Sie gesagt? Ich hatte gerade nicht zugehört.**

Einen Menschen, von dem man etwas will, sollte man nicht beleidigen. Das ist eine ganz einfache Grundregel. Natürlich sollte man generell niemanden beleidigen, weil es für den anderen nicht schön ist. Das könnte unsensibleren Charakteren allerdings egal sein. Selbst die unsensibelsten Charaktere aber werden folgende tunesische Weisheit verstehen: *Verrate dem Mann, der dich trägt, nicht, dass er stinkt.* Wer mit jemandem ins Geschäft kommen will – sei es mit einem Professor oder einem Käsekäufer – sollte ihn nicht mit seiner ersten Äußerung verprellen. Auch nicht mit der zweiten. Hier ist vielmehr japanische Höflichkeit gefragt: Zurückhaltung, Demut, Verneigung, Hochachtung. Da der Kontakt meist nur von kurzer Dauer ist, scheint mir diese Forderung auch weder übertrieben noch unerfüllbar. Leider irre ich mich. Die Wirklichkeit sieht anders aus. Machen Sie einfach mal eine Woche Urlaub in Berlin. Versuchen Sie, im Cliff an Hamburgs Binnenalster einen Tee mit Milch zu bestellen. Oder selbst die Handwerker zu beauftragen und zu beaufsichtigen, die Ihr Haus bauen sollen.

Beleidigungen müssen nicht plump sein. Eigentlich ist das Beleidigen eine hohe Kunst. Eckart Henscheid, Wiglaf Droste und Thomas Bernhard haben ihr gesamtes Künstlerleben damit zugebracht, sie zu vervollkommnen. Lesen Sie noch mal in Ruhe nach, wie argumentlos Marcel Reich-Ranicki »Ein weites Feld« im SPIEGEL verrissen hat, unter dem Titel: »Mein lieber Günter Grass ...« Umso schlimmer, wenn die Beleidigung so gedankenlos daherkommt wie beim Gemüsehändler, der den Rentner als *jungen Mann* anquatscht, oder die Hartz-IV-Empfängerin als *Gnädige Frau*.

Alles zu seiner Zeit. Wenn Sie den neuen Roman von Martin Walser für die FAZ rezensieren sollen, packen Sie ruhig alle rhetorischen Folterinstrumente aus. Wenn Sie hingegen nur einem arglosen Ehemann 200 Gramm Wurst verkaufen sollen, blei-

ben Sie einfach höflich. Wenn Sie nicht wissen, was das Wort
»Höflichkeit« bedeutet, siedeln Sie einfach mal zwei Monate
nach Tokio über. Danach werden Sie ein besserer Mensch sein
und den Rest Ihres Lebens unter der Unhöflichkeit Ihrer deutschen Mitbürger leiden. Alles im Leben hat seinen Preis.

KANN ICH DIE ARBEIT AUCH ALS PDF ABGEBEN?

Professorin im überfüllten Kunstgeschichtsseminarraum.

PROFESSORIN: Und wie gesagt, keine 10-Punkt-Schrift, kein einzeiliger Zeilenabstand und keine Ein-Zentimeter-Ränder, ich habe das schon mehrfach erwähnt, man kann durch geschickte Formatierung auch die *Kritik der reinen Vernunft* auf 15 Druckseiten bringen, aber das ist nicht der Sinn der Sache. Der Sinn ist, dass Sie lernen ...

STUDENT: Entschuldigen Sie bitte?

PROFESSORIN: Ja?

STUDENT: Das mit der Formatierung ist schon klar. Kann ich die Arbeit denn auch als PDF abgeben?

PROFESSORIN: Haben Sie den Zettel mit den Anforderungen an eine Proseminararbeit gelesen?

STUDENT: Ja, äh ... das heißt, nein ... also ...

PROFESSORIN: Ja oder nein?

STUDENT: Ist schon ein bisschen her. Also könnte ich die Arbeit auch als PDF ...

PROFESSORIN: Ich habe die Frage akustisch sehr gut verstanden.

STUDENT: Also nein? Oder ... doch?

PROFESSORIN: Denken Sie doch mal nach. Glauben Sie, dass ich Lust habe, die 65 Proseminararbeiten aus diesem Kurs alle zu Hause bei mir auf meinem Drucker auszudrucken?

STUDENT: Also, wenn es mit Ihrem Kindle besser kompatibel ist, könnte ich die Arbeit auch als Word-Dokument mailen. Wäre Ihnen das lieber?

PROFESSORIN: Besitze ich ein Kindle?
STUDENT: Okay, aber auf dem iPad geht doch auch ein PDF problemlos ... oder ... haben Sie etwa kein iPad?

Als ich studiert habe, Ende der Achtzigerjahre, an der grotesk überfüllten Universität Hamburg und der gespenstisch leeren Universität Bielefeld, hatten Professoren Sprechstunden, einmal im Monat eine Stunde. Man musste sich ein halbes Jahr vorher anmelden, um einen Zehn-Minuten-Termin zu bekommen. Über dem Haupt des Professors hing die Kritik seines letzten Buches aus der FAZ gerahmt an der Wand. Ich hatte nicht den Eindruck, er habe meine bahnbrechende Arbeit über ›Gesellschaft in der Frühen Neuzeit‹ überhaupt gelesen. Dafür hatte er an den Rand den Kommentar gekritzelt: »Zu präzise und deshalb falsch.« Die meiste Zeit verbrachte er damit, auf die Uhr zu sehen und seine Haartolle zu ordnen. Nach acht Minuten war die Audienz beendet. Ich war bei Hofe durchgefallen. Wir schrieben das Jahr 1989. Computer waren noch unbekannt. Mark Zuckerberg wurde gerade eingeschult.

Heute müssen Professoren ihre E-Mail-Adresse veröffentlichen. Mit verheerenden Folgen. Statt dass Studenten erst mal die zehn wichtigsten Standardwerke ihrer Disziplin lesen und exzerpieren (für die Jüngeren: den Inhalt erfassen, um ihn sich einzuprägen), schreiben sie umgehend eine E-Mail an den Professor: »Sehr geehrter Herr Professor Meisel, ich habe die Aufgabenstellung leider nicht verstanden. Könnten Sie das bitte noch mal erläutern?« Ist der Professor so gutmütig zu antworten, kommt umgehend die nächste »habe nix verstanden«- E-Mail zurück. Ich muss selber nichts tun und verstehen, nein, der Lehrer oder Professor ist verpflichtet, es zwanzig Mal hintereinander zu erklären. Deshalb muss ich ihm auch gar nicht erst zuhören. 60 Prozent der hoch bezahlten Arbeitszeit des

Professors geht heute für die Beantwortung dämlicher Studierendenmails drauf. Irgendwann werde ich die besten davon als Buch herausgeben, und es wird ein sehr dickes Buch werden. Auf TOP1 des Rankings steht *Kann ich die Arbeit auch als PDF abgeben?* Auch deshalb, weil Professoren noch mit gedruckten Büchern aufgewachsen sind, während für die Studierenden Lernen identisch ist mit *bei Wikipedia nachschauen* und Schreiben mit *aus Wikipedia in die eigene Hausarbeit kopieren.* Gelesen wird höchstens noch in Chats, am iPhone und iPad. Wozu da etwas ausdrucken? Die meisten Studierenden besitzen gar keinen Drucker.

Ein typisches Generationenproblem also. Warten wir einfach zwanzig Jahre ab. Dann dürfen Arbeiten nur noch als PDF abgegeben werden. Ein Computerprogramm überprüft, ob der richtige Wikipedia-Artikel kopiert wurde und vergibt daraufhin die Bestnote. Freiherr zu Guttenberg wird Präsident der Max-Planck-Gesellschaft und Waldemar Hartmann Vorsitzender der Deutschen Akademie für Sprache und Dichtung. Der Bachelor wird vergeben, wenn der Studierende das Wort *Google* fehlerfrei aussprechen kann. Die deutschen Abschlüsse werden auf politischen Druck hin in Aserbaidschan und Kirgisien anerkannt. Durch die Siri-Funktion muss ohnehin niemand mehr schreiben können. Wir kehren zur mündlichen Überlieferung zurück. Das Bruttosozialprodukt sinkt auf den Stand von 1456. Bald schon machen sich Flüchtlingsboote vom verarmten Europa auf, um illegal im hoch gebildeten Algerien zu landen. Dort müssen Abschlussarbeiten handgeschrieben abgegeben werden.

Die wenigsten wissen es: Die arabischen Universitäten waren lange vor unseren da. Sie werden auch noch bestehen, wenn unsere längst in Game- und Callcenter umgewandelt sein werden. Irgendwo findet der Weltgeist immer Zuflucht.

WOLLEN SIE ETWA DARÜBER SCHREIBEN?

Ein Journalist ruft den Pressesprecher des Atomkraftwerks Eifelwald an.

JOURNALIST: Hier Knesebeck vom Eifelwälder Tageblatt. Spreche ich mit dem Pressesprecher des AKW Eifelwald?

PRESSESPRECHER: Am Apparat.

JOURNALIST: Ich wollte mit Ihnen über den Störfall sprechen, der angeblich heute Nacht in Ihrem AKW stattgefunden haben soll.

PRESSESPRECHER: Wollen Sie etwa darüber schreiben?

JOURNALIST: Sehr unwahrscheinlich. Im Grunde interessiere ich mich mehr als Privatmann dafür.

PRESSESPRECHER: Also das Ganze bleibt unter uns?

JOURNALIST: Genau. Aber als Privatmann und direkter Grundstücksnachbar interessiert mich natürlich schon, was da gestern Nacht los war.

PRESSESPRECHER: Ich kann Ihnen sagen, einiges. Wenn das Bundesamt für Reaktorsicherheit das wüsste! Hektoliterweise ist hochradioaktiv verseuchtes Kühlwasser ausgelaufen, sämtliche Sicherungssysteme sind durchgebrannt ... Beinahe ist hier alles in die Luft gegangen! Ich bin ja so froh, dass noch niemand darüber berichtet hat.

JOURNALIST: Na, aber wirklich. Dann ist also noch mal alles gut gegangen?

PRESSESPRECHER: Geht so. Da ist immer noch ein Schwelbrand im Block C. Aber das muss wirklich unter uns bleiben.

JOURNALIST: Ehrensache.

Diese Frage scheint eine Art Reflex zu sein. Eine Journalistin ruft bei einem Unternehmen an, und obwohl sie sich ja gemeldet hat mit *Elisa Weißkraut, Büdelsdorfer Tageblatt* und eine konkrete Frage stellt, die offenbar zu einer Recherche gehört, folgt unweigerlich die Frage: *Wollen Sie etwa darüber schreiben?* Im Ranking der dämlichsten Fragen kommt diese sicher unter die ersten drei.

Eigentlich können einem die Menschen leidtun, die sie stellen. Gewöhnlich werkeln sie im Geheimen vor sich hin und bereiten den nächsten Gammelpferdefleischskandal vor. Und plötzlich richtet sich ein greller Scheinwerfer auf sie, und sie stehen mitten auf einer Bühne, in der Öffentlichkeit, und jedes Wort kann gegen sie verwendet werden. Ein Schock. Und unter Schock sinkt unser IQ nun mal in der Regel noch unter den Wert von Lukas Podolski. Erklärt man die Vorwürfe für falsch, so beweist das nur, dass man sich rausreden will (»Gammelpferdefleisch im Hühnerragout? Nordost-Fleisch streitet alles ab!«). Gibt man dagegen alles zu, wird es heißen, dass sei wohl erst der Anfang (»Gammelpferdefleisch im Hühnerragout – wo sonst noch?«). Seinen Job ist man so oder so bald los.

Trotzdem ist noch nicht alles verloren. Denn auch Journalisten sind vor der größten Krankheit des modernen Geistes nicht gefeit: der Eitelkeit. Hier müssen Sie ansetzen. Beginnen Sie mit unvermittelter Begeisterung: »Elisa Weißkraut? Ich habe Ihr Stück über die Zustände im Pflegeheim *Sonnenuntergang* gelesen. Sensationell geschrieben!« (Journalisten sprechen ernsthaft von ihren Artikeln als »Stücken«, so als hätten sie etwas wie *Die Katze auf dem heißen Blechdach* oder *Der Gott des Gemetzels* geschaffen.) Wenn Sie noch nie etwas von Elisa Weißkraut gelesen haben, sagen Sie einfach: »Ich habe Ihr langes Stück in der Wochenendausgabe gelesen. Dafür kriegen Sie garantiert den Henri-Nannen-Preis!« (Keine Sorge, dieser

Preis hat nichts mit den Hitler-Tagebüchern zu tun. Früher hieß er Egon-Erwin-Kisch-Preis.) Fügen Sie noch ein Kompliment über ihre Frisur hinzu, und Sie haben eine extrem wohlwollende Berichterstattung sicher. Pferdefleisch, wird Frau Weißkraut anmerken, sei viel gesünder als Hühnerfleisch; und wer »Ragout« kauft, dürfe hinterher auch nicht meckern. Erst drei Wochen später wird Elisa sich kurz vorm Einschlafen fragen, wieso Sie am Telefon etwas zu ihrer Frisur sagen konnten. Und ihr wird einfallen, dass sie in der fraglichen Wochenendausgabe gar kein »Stück« drin hatte. Aber dann wird schon längst der nächste Skandal enthüllt (»Betrug beim Minigolf – Bahn 17 offenbar manipuliert!«). Und das Gammelfleischhühnerragout ist längst an die umliegenden Kindertagesstätten und Krankenhauskantinen verkauft.

Fragen Sie niemals einen Vegetarier:

ABER FISCH ESSEN SIE DOCH?

Restaurant in Bremerhaven. Der Kellner tritt an den Tisch eines unglücklich aussehenden Gastes.
GAST: Sagen Sie, außer dem kleinen, gemischten Salat habe ich in der Karte nichts Vegetarisches entdecken können.
KELLNER: Sie sind Vegetarier?
GAST: Genau.
KELLNER: Aber Fisch essen Sie doch?
GAST: Nein.
KELLNER: Keinen Fisch?
GAST: Genau.

KELLNER: Dann hätten wir nämlich den Krabbentoast. Oder die Forelle Müllerin Art.

GAST: Aber ich esse keinen Fisch.

KELLNER: Oder panierte Seezunge.

GAST: Wie gesagt, ich bin Vegetarier.

KELLNER: Mmh. Also, wenn Sie nicht mal Fisch essen ...

GAST: Was dann?

KELLNER: Sagen Sie, da fällt mir was ein ...

Der Gast guckt fragend.

KELLNER: Essen Sie wenigstens Muscheln?

2010 ernährten sich nach Angaben des VEBU (Vegetarier-bund Deutschlands e.V.) sechs Millionen Deutsche vegetarisch, also acht Prozent der Bevölkerung. Das ist ein gewaltiger Zuwachs. 1983 waren es erst 0,6 Prozent. Vorreiter sind weibliche, westliche Großstadtbewohner. Helmut Maucher, ehemaliger Generaldirektor des Lebensmittelkonzerns Nestlé meint: »Der Trend ins Vegetarische ist unaufhaltsam. Vielleicht isst in hundert Jahren kein Mensch mehr Fleisch«. Könnte sein. Tiere werden unter sehr unschönen Umständen massenhaft geschlachtet, und schätzungsweise 98 % der Fleischesser wären psychisch gar nicht in der Lage, aktiv daran teilzunehmen. Sie verdrängen, was sie da essen und wie es »hergestellt« wird. Sie sind es nur von Kind auf gewohnt. Vegetarisch essen – äh, wie denn? Nur Beilagen, oder was? Tofuwürstchen und Grünkernbratlinge? Alles viel zu umständlich. Ein Wiener Schnitzel, bitte!

Diese Gewohnheitsträgheit erstreckt sich offenbar auch auf die Speisekartengestalter deutscher, österreichischer, französischer, spanischer, amerikanischer, griechischer und kroatischer Restaurants. Ihr vegetarisches Angebot ist – nun ja, sehr überschaubar. Beim Kroaten die Beilage Dschuwetschreis, beim Spanier die Gazpacho, beim Griechen der panierte Schafs-käse. Bei den Übrigen der kleine gemischte Salat. Der Kellner möchte das nicht einfach zugeben. Aber seine Frage ist aus zwei Gründen sinnlos. Erstens: Dem Vegetarier geht es darum, keine Tiere zu töten. Wieso sollte er zwischen Fisch und Fleisch unter-scheiden? Zweitens: Die Fischgerichte auf der Karte hatte er bereits entdeckt und verworfen, sonst würde er kaum nach dem vegetarischen Angebot fragen, sondern einfach die panierte Seezunge bestellen. Klingt logisch, oder? Warum kommen die Kellner dann nicht darauf? Für einen eingefleischten (hahaha) Vegetarier klingt die sisyphosartig wiederkehrende Kellner-frage wahlweise nach: *Okay, Sie erklären sich selbst für unzu-rechnungsfähig. Aber würden Sie wenigstens zugeben, dass zwei und zwei vier ist?* Oder nach: *Wir haben von diesen merk-würdigen ›Vegetariern‹ schon gehört. Wir haben extra vier Fischgerichte für sie eingerichtet. Sind Sie jetzt immer noch nicht zufrieden? Wollen Sie frittierte Ameisen, oder was?* Oder nach: *Wieso gehen Sie eigentlich kroatisch essen, wenn Sie weder Fleisch noch Fisch essen? Petersilie futtern können Sie auch zuhause!*

Eine gute Frage. Vielleicht wollen die Vegetarier jeman-dem einen Gefallen tun? Vielleicht wollten ihre Freunde oder Partner mal woanders hin als immer nur zum Inder oder Ita-liener? Oder vielleicht mögen sie auch einfach Dschu-wetschreis?

DARF'S EIN BISSCHEN MEHR SEIN?

An der Käsetheke im Supermarkt. Ältere Kundin, junger Käse-verkäufer.

KUNDIN: Und dann hätte ich gerne noch 200 Gramm von dem Provolone.

Der Verkäufer schneidet ein Stück von dem Provolone ab, wiegt ihn ab: 250 Gramm.

VERKÄUFER: Darf's ein bisschen mehr sein?

KUNDIN: Nein, wie nett!

VERKÄUFER: Wieso?

KUNDIN: Woher wussten Sie, dass ich heute Geburtstag habe?

VERKÄUFER: Sie haben Geburtstag?

KUNDIN *(strahlt)*: Dass Sie mir ein Viertel mehr geben! Für denselben Preis. Das nenn ich mal großzügig!

VERKÄUFER *(läuft rot an)*: Oh, da liegt ein Missverständnis vor ...

KUNDIN: Nein, ich werde heute wirklich 55! Toll, dass Sie mir da fünfzig Gramm Käse schenken. Dass Edeka so großzügig ist! Aber ich bin ja auch seit Jahren Stammkundin ...

Manchmal wundert man sich schon. Selbst nach jahrelanger Übung verschätzen sich Käseverkäufer regelmäßig um ziemlich genau 20 Prozent nach oben. Statt sich aber für den Fehler zu entschuldigen oder die Chance zu ergreifen, auf diese Weise den überhöhten Käsepreis leicht nach unten zu korrigieren, fragen Sie einen im Grunde: *Haben Sie noch einen Rest Selbstachtung übrig, oder lassen Sie sich ohne zu murren mit dem ältesten Verkäufertrick der Welt übers Ohr hauen?*

Wie reagiert man auf so etwas? Hilflos. Ich persönlich möchte in Frieden mit meinen Mitmenschen leben und niemanden darauf hinweisen, dass er gerade etwas Unverschämtes getan hat. Lieber zahle ich zu viel und kaufe zu viel Käse, als dass ich mich vor der ganzen Schlange herumstreite oder einen verkrampften Scherz mache wie: *Natürlich – wenn Sie die Kosten übernehmen!* Vielleicht sollte man einfach in Seelenruhe von einem Fünf-Euro-Schein 20 Prozent abschneiden und damit den Rest bezahlen.

Und noch etwas: Ist Ihnen mal aufgefallen, dass im Supermarkt viel, viel Platz für 200 verschiedene Sorten Käse ist – hinter der Kasse aber überhaupt kein Raum mehr? So dass man förmlich mit seinem Warenstapel aus dem Laden herausgedrängt wird und ein sorgfältiges Den-Kassenbon-Überprüfen und In-Ruhe-Einpacken physikalisch unmöglich ist? Aus Protest packe ich immer extra langsam ein. Die Verkäufer freuen sich schon, wenn ich nur den Laden betrete.

Und wieso heißt es eigentlich »Supermarkt«? Diese tageslichtfreien Bunker sind so ziemlich das Gegenteil eines super Marktes. Genau – ich werde meinen Provolone nur noch auf dem Wochenmarkt kaufen. Frische Luft. Der Duft von Gemüse und Erde. Und riesige Käsestände mit erfahrenen, fachkundigen, fairen Verkäufern.

– »200 Gramm bitte!«

– »Gern. Darf's ein bisschen mehr sein?«

UND WAS DARF'S FÜR SIE SEIN, JUNGER MANN?

Auf dem Wochenmarkt. Ein Rentner tritt an den Gemüsestand.

GEMÜSEVERKÄUFER: Und was darf's für Sie sein, junger Mann?

RENTNER *(sieht sich um)*: Wissen Sie was?

GEMÜSEVERKÄUFER: Was denn?

RENTNER *(beugt sich vor, flüstert)*: Ich glaube, Sie haben ein Problem!

GEMÜSEVERKÄUFER: Wie bitte?

RENTNER *(hinter vorgehaltener Hand)*: Der nächste junge Mann steht da hinten. Zwanzig Meter entfernt. Und der ist nicht mal dran.

Der Gemüseverkäufer guckt verwirrt in die angezeigte Richtung.

RENTNER *(vertraulich)*: Also Sie schielen wirklich sehr stark … *(beugt sich vor, flüstert)* Glauben Sie mir, Sie müssen *dringend* zum Arzt!

Der Gemüsehändler starrt ihn irritiert an.

Schöne Grüße von meinem Schwiegervater. *Wenn du dieses Buch schreibst*, sagte er mir, *bring das unbedingt da mit rein! Das regt mich ja so dermaßen auf!* Ich kann das verstehen. Es ist weder höflich noch schmeichelhaft, jemanden als das Gegenteil von dem zu bezeichnen, was er ist. Würden Sie einen Rollstuhlfahrer begrüßen mit: *Na, Sportsfreund?* Oder einen stark Übergewichtigen mit: *Na, du Bohnenstange?* Ein 75-Jähriger ist kein junger Mann, er wird niemals mehr ein junger Mann sein, und vielleicht will er das auch gar nicht. Was ist das für ein Kompliment?

Die Verkäufer werden sich noch umgucken. Deutschland hat nach Japan die älteste Bevölkerung der Welt. 1950 war erst jeder zehnte Deutsche älter als 65, 2009 war es bereits jeder fünfte, also 17 Millionen (denen nur 15 Millionen Kinder und Jugendliche gegenüberstanden.) Nach Prognosen des Statistischen Bundesamtes wird 2060 jeder dritte Deutsche über 65 sein. Das sind aber keine verhutzelten und verarmten Männchen, die sich zum Sterben in ihr Gartenhäuschen zurückziehen. Soziologen haben herausgefunden, dass die sogenannten *Greyhopper* oder *Silver Surfer*, die braungebrannten Rentner zwischen 60 und 75, deutlich mehr Sex haben als Männer Mitte zwanzig. Sie buchen Fernreisen, suchen im Internet nach einer Partnerin, gehen in die Oper und lernen Kitesurfen. Die Altersgruppe mit den meisten Neuwagenkäufen sind schon heute die 70- bis 79-Jährigen. In keiner Altersgruppe ist die Lebenszufriedenheit so hoch. Nicht mal bei Kleinkindern. Die psychischen Krisen türmen sich stattdessen bei den 40- bis 50-Jährigen. Gönnerhaftes Mitleid oder kumpelhafte Aufmunterung (*Alles halb so schlimm! Man ist so jung, wie man sich anfühlt!*) sind bei den *Best Agern* vollkommen fehl am Platze. Methusalem schmiedet kein Komplott. Methusalem fährt mit dem Trike die Route 66 runter.

Alter ist kein Makel. Und Jugend ist keine Auszeichnung. Denken Sie nur an Philipp Rösler, den jüngsten und zugleich katastrophalsten Chef, den die FDP je hatte. Denken Sie an die Altersweisheit eines Helmut Schmidt oder Peter Scholl-Latour. Nur weil junge Männer sich gegenseitig als »Alter« bezeichnen, sollte man einen Alten noch lange nicht als »jungen Mann« begrüßen. Und auch nicht verabschieden mit: *Sie haben sich aber gut gehalten!* Er wird es Ihnen danken. Und Sie werden seine Kaufkraft noch bitter nötig haben.

MÜSSEN DIESE GANZEN IMPFUNGEN UNBEDINGT SEIN?

Mutter mit Säugling im Praxisraum des Kinderarztes.

KINDERARZT: Also, Marie ist ja jetzt zwei Monate alt, da ist jetzt die bewährte Sechser-Impfung dran: Diphterie, Hepatitis B, Hib, Keuchhusten, Polio und Tetanus.

MUTTER: Das sagt mir alles nichts. Tetawas?

KINDERARZT: Tetanus. Wundstarrkrampf. Polio ist Kinderlähmung, und Hib bedeutet Haemophilus Influenzae Typ b, das sind Erreger, die gefährliche Gehirnhautentzündungen mit heftigen Folgeschäden auslösen können.

MUTTER: Mmh. Nie gehört. Aber ich hab gehört, es kommt da immer wieder zu Nebenwirkungen. Ist da was dran?

KINDERARZT: Nun, im Prinzip haben alle Medikamente Nebenwirkungen, auch Impfungen. Aber letztlich sind diese natürlich sehr viel seltener als die Komplikationen, die bei den Krankheiten auftreten, vor denen die Impfungen schützen. Das ist ja heute alles sehr gut verträglich. Es ist nur ein Pieks.

MUTTER: Ein Pieks? Marie ist da sehr empfindlich ... also sechs Impfungen ... mir kommt das sehr viel vor ... müssen diese ganzen Impfungen denn überhaupt sein?

KINDERARZT *(beugt sich vor, flüstert)*: Endlich fragt mal eine Mutter. Das ist alles total überflüssig! Geldschneiderei! Die Pharmaindustrie lädt uns Kinderärzte auf die Malediven ein und nachher verabreichen wir den Babys diese hochgefährlichen und überflüssigen Impfstoffe.

MUTTER: Wirklich? O Gott, so was habe ich geahnt! Aber sollte Marie nicht zumindest gegen Kinderlähmung geimpft

werden? Und gegen dieses andere, wie hieß das noch – Tetra-
nuss?

Ökologisch angehauchte Mütter – sie sind der Horror für jeden
Kinderarzt. Ja, es gibt ernstzunehmende Impfkritiker – Max
von Pettenkofer, Kurt Langbein, Peter Aaby, Hans Tolzin. Sie
haben sich ein Leben lang damit befasst, Bücher und Aufsätze
dazu geschrieben und jede Menge Argumente vorgelegt. Und
dann gibt es die Mütter und Väter, die nichts davon gelesen
oder durchdacht haben, aber von einer Bekannten aus dem
Babymassagekurs gehört haben, es gebe da Probleme, und
überhaupt: Schulmedizin! Ist die nicht kalt, westlich, rationa-
listisch und profitorientiert? Genau!

Aus irgendeinem unerfindlichen Grund sitzen diese Anhän-
ger von Akupunktur und Homöopathie, von chinesischer und
»sanfter« Medizin dann aber mit ihrem Baby vor einem ganz
normalen Schulmediziner. Und der ist mit der WHO, der Bun-
desärztekammer, den Krankenkassen und dem Gesundheits-
ministerium der Meinung, dass es sinnvoll und notwendig ist,
das Kind zu impfen. Und stellen ihm intelligenterweise die
Frage, ob das denn überhaupt sein müsse.

Nein, es ist keine unnütze Frage. Es ist aber komplett
unnütz, sie diesem Arzt zu stellen! Fragen Sie denn Ihren
Pfarrer, ob Sie aus der Kirche austreten sollten? Fragen Sie
den Inhaber des Naturkostladens, ob »Bio« eine gigantischer
Betrug am Kunden sei? Fragen Sie den Vorsitzenden der FDP,
ob seine Partei nicht bloß der verlängerte Arm von Zahnärz-
ten, Maklern und Hoteliers sei? Und fragen Sie Ihren Klavier-
stimmer, ob das Klavier nicht mal wieder gestimmt werden
müsste?

Sie haben völlig Recht: Journalisten begehen oft denselben
Fehler. Sie fragen den Wirtschaftsminister, ob seine letzte Ent-

scheidung in Sachen Energiewende nicht bloß ein Geschenk an die Atomlobby gewesen sei. Der Minister macht ein sehr ernstes Gesicht, weist den Vorwurf mit aller Entschiedenheit zurück und spricht vom schwierigen Gleichgewicht zwischen ökonomischen und ökologischen Interessen. Überraschung!

Wolf Schneider fordert deshalb, Fernsehjournalisten mögen zu so einem Vorwurf nicht den Politiker befragen, sondern einen unabhängigen Experten. Sehr gute Idee. Genau das gilt auch für Ihr Baby. Lesen Sie, was Wissenschaftler für und gegen die verschiedenen Impfungen vorbringen. Diskutieren Sie die Argumente mit Ihrem Partner und befreundeten Eltern. Und teilen Sie dem Arzt dann mit, wofür Sie sich entschieden haben. Wenn Sie aber zwischen 50-Stunden-Woche, durchwachten Nächten, Babymassage und der dritten Halsentzündung nicht wissen, wann Sie sich auch noch mit wissenschaftlicher Impfliteratur befassen sollen – dann vertrauen Sie einfach auf die Kompetenz Ihres Arztes. Bekommt Ihr Kind dann von der Sechser-Impfung hohes Fieber, können Sie ja immer noch die Impfkritiker lesen. Dann haben Sie wenigstens einen Grund dafür. Und trösten Sie sich ansonsten mit der Weisheit aus Aserbaidschan: »Wenn's klappt, wird's Joghurt; wenn nicht, wird's Ayran.«

SCHLÄFT ER SCHON DURCH?
Kinder & Erziehung

SIE: **Möchtest du eigentlich Kinder?**
ER: **Oh ... müssen wir jetzt darüber reden?**

Die Eckdaten sind bekannt: Wir geben deutlich mehr Geld für Tierfutter als für Kindertagesstätten aus. Die durchschnittliche westdeutsche Großfamilie besteht inzwischen aus einer Frau und ihrem Wellensittich. Und wenn alle zehn Jahre in Dortmund oder Hamburg ein Kind geboren wird, stehen Hunderte von hyperventilierenden Omis und anderen Verwandten so lange an der Wiege, bis das Kind ADHS, Legasthenie, Schlafstörungen und unkontrollierte Aggressionsschübe bekommt. Hochbegabt ist es ohnehin.

Dass Schwangerschaften inzwischen seltener geworden sind als Wählscheibentelefone, mag auch daran liegen, dass wir Männer uns lieber nicht festlegen und zunehmend auf die Fritz-Wepper-Strategie zurückgreifen: Mit 82 kann man schließlich immer noch Vater werden. Geht unter diesen Umständen eine Schwangere auf die Straße, ist es wenig verwunderlich, dass sie Menschenaufläufe verursacht.

Umso wichtiger, dass Sie zweierlei lernen: Manchmal wäre ein wenig mehr Sensibilität sinnvoll. Manchmal aber auch das genaue Gegenteil. Wenn Sie zum Beispiel in einem stilvollen Café ganz in Ruhe ihren Caramel Macchiato XXL trinken und in der *Süddeutschen* lesen wollen, das Kind am Nachbartisch Sie aber mit seinem Dauerquengeln davon abhält – wehren Sie sich! Quengeln Sie genauso laut zurück: »ICH WILL NICHT, DASS DIES KIND DA MIR MEINEN MOMENT DER MUSSE VERDIRBT! ICH WILL DAS NIIIIIIICHT!«. Gießen Sie ihm Ihren lauwarmen Kakao samt Schlagsahne auf den Kopf und sagen: »Oh Verzeihung, das war ein Versehen!« Das Kind wird verdutzt sein. Die Eltern werden verdutzt sein. Und es wird augenblicklich Ruhe herrschen – versprochen. Ich als hilfloser Vater war immer extrem dankbar, wenn mir ein Unbeteiligter die Erziehungsaufgabe abnahm, an der ich gerade gescheitert war. Machen auch Sie diese aufregende Erfahrung!

WANN IST ES DENN SO WEIT?
UND WAS WIRD ES DENN?

Schwangere sitzt mit Freundin im Café und unterhält sich.

GAST *(am Nebentisch, dazwischenfragend)*: Oh, ich sehe, Sie sind schwanger?

SCHWANGERE: Ja.

GAST *(übertrieben anerkennend)*: Gratulation! Wann ist es denn so weit?

SCHWANGERE: Anfang Mai.

GAST *(dümmlich grinsend)*: Ah – so bald schon! Was wird es denn?

SCHWANGERE: Vermutlich ein Mädchen.

GAST *(begeistert)*: Ein Mädchen – toll! Wie soll es denn heißen?

SCHWANGERE: Das wissen wir noch nicht.

GAST: Das wissen Sie noch nicht? *(schwenkt schelmisch mit dem Zeigefinger)* Na, da wird's aber Zeit!

SCHWANGERE: Uns wird schon etwas einfallen.

GAST: Ja, bestimmt. Na dann, viel Glück!

SCHWANGERE: Danke. *(wendet sich wieder ihrer Freundin zu)*

ALTE DAME *(von der anderen Seite kommend)*: Oh, ich sehe, Sie sind schwanger?

SCHWANGERE: Ja.

ALTE DAME *(übertrieben anerkennend)*: Gratulation! Wann ist es denn so weit?

SCHWANGERE: Anfang Mai.

ALTE DAME *(dümmlich grinsend)*: Ah – so bald schon! Was wird es denn?

SCHWANGERE: Vermutlich ein Mädchen.

ALTE DAME *(begeistert)*: Ein Mädchen – toll! Wie soll es denn heißen?

SCHWANGERE: Das wissen wir noch nicht.

ALTE DAME: Das wissen Sie noch nicht? *(schwenkt schelmisch mit dem Zeigefinger)* Na, da wird's aber Zeit!

SCHWANGERE: Uns wird schon etwas einfallen.

ALTE DAME: Ja, bestimmt. Na dann, viel Glück!

SCHWANGERE: Danke. *(wendet sich wieder ihrer Freundin zu)*

HERR MIT HUND *(kommt von der anderen Seite)*: Oh, ich sehe, Sie sind schwanger?

SCHWANGERE: Ja.

HERR MIT HUND *(übertrieben anerkennend)*: Gratulation! Wann ist es denn so weit?

SCHWANGERE: Anfang Mai.

HERR MIT HUND *(dümmlich grinsend)*: Ah – so bald schon! Und was wird es denn?

SCHWANGERE *(brüllt)*: **Ein Bernhardiner!**

HERR MIT HUND: Äh, wie?

SCHWANGERE: Pardon. Ein Mädchen.

HERR MIT HUND *(begeistert)*: Ein Mädchen – toll! Wie soll es denn heißen?

Sie kennen vermutlich die chinesische Wasserfolter. Man lässt stundenlang einzelne, kalte Wassertropfen auf den Kopf eines gefesselten Gefangenen fallen, immer auf dieselbe Stelle. Es sind nur kleine, harmlose Wassertropfen. Aber irgendwann wird das Opfer wahnsinnig.

Genauso ist es hier. Die Fragen sind überhaupt nicht schlimm – nur ihre Frequenz. Wobei – so ganz harmlos sind die Fragen auch nicht. Schwangere haben das Gefühl, im Moment der Empfängnis in öffentliches Eigentum überzugehen. Fremde betätscheln ihren Bauch und wollen am liebsten hineinschauen und alles über das Wesen wissen, das sich darin befindet. Vielleicht, weil man uns eingetrichtert hat, dass es zu wenig Deutsche gibt, dass der Fortbestand unserer Kultur auf dem Spiel steht und die werdende Mutter also nicht bloß eine private Entscheidung getroffen hat, sondern vor allem einen wertvollen Beitrag für unser Land und unsere Zukunft leistet.

Es gibt nur einen Haken: Der Mutter ist diese Aufmerksamkeit vielleicht gar nicht recht. Vielleicht hat sie sich beim Ultraschall das Geschlecht sagen lassen, vielleicht auch nicht. Vielleicht streitet sie sich mit ihrem Mann seit vier Monaten darüber, ob man den Jungen lieber biblisch (Jakob-Abraham) oder skandinavisch (Ole-Lasse) in die Welt des Grundschul-Mobbings entlässt. Vielleicht hat die Schwangerschaft auch bereits jetzt zu einer dauerhaften Beziehungskrise geführt, weil der Vater den Schwangerschaftskurs beim Programmpunkt Äpfelschütteln verlassen hat. Oder weil er nicht bereit ist, eine Hypothek in Höhe von zehn Jahresgehältern für ein hässliches Reihenendhaus mit Handtuchgarten aufzunehmen. Vielleicht hat die Frau auch ganz einfach wahnsinnige Angst vor der Geburt. Eine Schwangerschaft ist kein Katzenkalender. Genau dieses selige O-wie-niedlich-Lächeln setzen aber 90 Prozent der Erwachsenen auf, die einer Schwangeren begegnen.

Wissen Sie was? Das Lächeln ist doch völlig okay. Verzichten Sie einfach auf die Fragen! Freuen Sie sich still darüber, dass das Wesen in dem fremden Bauch einmal Ihre Rente erarbeiten wird. Und verdrängen Sie lieber die Tatsache, dass daraus genauso gut ein drogenabhängiger Hartz-IV-Dauerbezieher werden kann, der Ihnen selbst als Rentner noch auf der Tasche liegen wird.

UND? SCHLÄFT ER SCHON DURCH?

Junge Mutter mit Freundin im Café. Neben ihr der Kinderwagen mit ihrem Baby.

FREUNDIN: Und? Schläft er schon durch?

JUNGE MUTTER: Ob er durchschläft?

FREUNDIN: Ja.

JUNGE MUTTER: Du meinst, ob er nachts schon durchschläft?

FREUNDIN *(irritiert)*: Ja!

JUNGE MUTTER: Also, du möchtest wirklich wissen, ob Linus eine ganze Nacht, von abends um elf bis morgens um, sagen wir sechs, das würde ja schon ausreichen, durchschläft, ohne zwischendurch aufzuwachen und stundenlang zu schreien??

FREUNDIN *(erschrocken)*: Äh … ja … so in etwa …

JUNGE MUTTER: Naaaaaaeeeiiiin!

Sie schluchzt, heult, jammert, wirft sich klagend auf den Boden, trommelt auf die Holzdielen. Freundin und Baby gucken irritiert.

Schadenfreude ist die beste Freude. Allerdings nicht für den, der den Schaden hat. Und ein Baby, das seit Monaten nachts stundenlang rumschreit, ist schon eine ziemliche Beeinträchtigung. Ein Baby, das nur dadurch beruhigt werden kann, dass es auf einer laufenden Waschmaschine liegt oder dauergestillt wird oder auf dem Schoß der Mutter sitzt, während der Vater mit 230 km/h über die Autobahn heizt, ist eine gewisse Herausforderung. Manche Babys schlafen auch nur ein, nachdem sie zwei Stunden lang immer dasselbe Lied von Rolf Zuckowski gehört haben. Wenn dann jemand kommt, der nur darauf wartet, sich diese Geschichten erzählen zu lassen, möchte man ihn am liebsten ohrfeigen. Wenn man die Kraft dazu noch hätte. Und hier kommen die harten Zahlen: 62 Prozent der Babys schlafen auch nach sechs Monaten noch nicht durch. 50 Prozent der Babys auch nach einem Jahr nicht.

Reden Sie also lieber übers Wetter in Dithmarschen, die Wahlchancen der SPD in Bayern, die Immobilienpreise im nördlichen Ruhrgebiet und andere aufmunternde Themen. Und fragen Sie bitte auch nicht: »Kann er denn schon laufen?« Oder: »Spricht er eigentlich schon?« Solche Fragen sind nämlich auch das reine Minenfeld.

Und wenn Sie selbst das Problem schlafloser Kinder haben, kann ich Ihnen das Buch empfehlen: *Jedes Kind kann schlafen lernen.* Das Konzept ist so simpel wie effektiv: Das Kind lernt, sich selbst zu beruhigen und von alleine einzuschlafen. Als Allererstes entsorgen Sie den Schnuller und lassen das Kind allein in seiner Wiege schlafen. Probieren Sie es einfach aus – wir haben damit die besten Erfahrungen gemacht.

PS: Bei Erkältungen: Halswickel! Bei Fieber: Wadenwickel!! Wirkt Wunder.

Fragen Sie niemals eine Zwillingsmutter:

STILLEN SIE? BEIDE?

Mutter schiebt einen Zwillingswagen durch den Park.
Darin ein Junge und ein Mädchen. Passantin bleibt stehen.

PASSANTIN *(glotzt in den Wagen)*: Oh – sind das Zwillinge?

MUTTER: Ja.

PASSANTIN: Eineiige?

MUTTER: Nein, zweieiige. Ein Mädchen und ein Junge.

PASSANTIN: Aah! Und wie sind die Nächte?

MUTTER: Geht so.

PASSANTIN: Sagen Sie – stillen Sie die?

MUTTER: Ja.

PASSANTIN: Beide?

MUTTER: Nee.

PASSANTIN *(irritiert)*: Wie – Sie stillen nur eins der beiden?

MUTTER: Genau. Den Jungen.

PASSANTIN: Im Ernst?

MUTTER: Nein. Das Mädchen.

PASSANTIN: Na so was. Sie stillen also beide?

MUTTER: Ja.

PASSANTIN: Parallel?

MUTTER: Ja, soll ich es mal demonstrieren?

Sie holt eine Brust raus.

PASSANTIN: Was machen Sie denn da ...

Sie holt die andere Brust raus.

PASSANTIN: Aber ... nun tun Sie die Brüste doch wieder rein!

Es ist wirklich so. Zwillingsmütter werden von genau diesen Fragen verfolgt: *Zwillinge? Eineiige? Stillen Sie? Beide?*

Glaubt wirklich irgendwer auf der Welt, eine Mutter würde nur eins ihrer Kinder stillen? Ich persönlich finde ja, dass Stillen zu den schönsten, aber auch intimsten Dingen gehört, nach denen man nicht unbedingt jemanden fragt, den man gerade erst bei Starbucks kennengelernt hat. Aber damit sind wir schon wieder bei dem Punkt, dass Schwangere und junge Mütter als öffentliches Eigentum betrachtet werden.

Aber vermutlich geht es den Fragern um etwas ganz anderes. Sie wollen unbedingt mit der Zwillingsmutter reden. Denn Zwillinge faszinieren, aus existenziellen Gründen. Sie stellen unsere Grundannahme in Frage, dass wir vollkommen einzigartig sind. Umso irritierender, dass Elvis Presley und Gisele Bündchen als Zwillinge geboren wurden. Und Oskar Lafontaine. Können Sie sich vorstellen, dass die immer zu zweit vor die Kameras getreten wären? Oder auf die Bühne? Oskar und sein Bruder?

Zwillinge werden übrigens immer häufiger. 2006 wurden in Deutschland bereits 21.076 Zwillinge geboren. Durch die künstlichen Befruchtungen wird ihre Zahl noch weiter steigen. Und somit auch die nervigen Fragen an sie und ihre Mütter. Immerhin ist dieses Schicksal noch besser zu verkraften als das, was Zwillingen in vielen Naturvölkern blühte: Dort galten sie als schlechtes Zeichen und wurden umgehend getötet. Oder lebenslang geächtet. Aber so fühlt sich Oskar Lafontaine ja auch.

Und wenn Sie mal auf seinen Zwillingsbruder treffen sollten, fragen Sie um Himmels willen nicht: »Ah! Wie ist es denn so, der Zwillingsbruder von Oskar Lafontaine zu sein?« Nein, muntern Sie ihn auf. Erklären Sie ihm, Sie wären der Zwillingsbruder von Gisele Bündchen. Und dass Ihnen das Ganze in Japan vermutlich erspart geblieben wäre. Dort ist nämlich nur jede hundertste Geburt eine Zwillingsgeburt. Oder bei den Yoruba. Dort ist jede sechste Geburt eine Zwillingsgeburt, und man kann als Zwilling andere mit der Frage quälen: »Wie ist das denn so für dich – so ganz allein und ohne Zwilling?« Nichts ist schöner als Gehässigkeit, die sich als Anteilnahme tarnen kann.

Fragen Sie niemals ein Paar mit vier Kindern:

UND – WANN KOMMT DAS FÜNFTE? SCHON UNTERWEGS?

Chaos-Großfamilien-Wohnung. Vater mit Besucher. Kinder wuseln um sie herum.
BESUCHER: Meine Güte, sag mal, wie viele Kinder habt ihr denn?
VATER: Na ja, Lea, Lina, Larissa und Laura.
BESUCHER: Vier Mädchen! Irre. Und, wann kommt das Fünfte? Schon unterwegs?
VATER: Das Fünfte? Das waren doch Vierlinge!
Die sehr zierliche Mutter kommt dazu.
MUTTER: Ich hoffe doch sehr, dass es beim nächsten Wurf wieder vier sind!
Besucher schaut verwirrt.
MUTTER (klopft sich auf den Bauch): Vier Jungs!

1964 wurden in Deutschland 1,4 Millionen Kinder geboren. 2011 waren es noch 663.000. Eine echte Revolution. Meine Oma hatte elf Geschwister. Meine Schwiegermutter noch acht. Kennen Sie ein einziges Paar mit neun Kindern? Heute ist man mit drei Kindern schon eine kinderreiche Familie. Mit vieren ist man bereits ein schräger Vogel und muss sich unentwegt diese unglaublich lustigen Fragen anhören: *Wie macht ihr das bloß? Sollen wir euch das mit der Verhütung mal erklären? Kriegt ihr bald Karnickelzuschlag?*

Kinderreiche sind eine kleine, radikale Minderheit geworden. Nur noch 1,9 Prozent der Familienhaushalte haben vier Kinder. Nur 0,7 Prozent noch mehr. Tendenz sinkend. Das mag so sein. Aber woher nehmen die Betreiber von Kleinstfamilien eigentlich die Gewissheit, sie hätten es besser, leichter und einfacher? Vermutlich erliegen sie dem Trugschluss: Mein Peer-Guntram ist ja schon sooo anstrengend – er schläft mit vier immer noch nicht durch – wie schlimm muss es erst mit drei, vier oder gar fünf Exemplaren davon sein?

Sie kommen nicht darauf, dass Peer-Guntram vielleicht nur halb so anstrengend wäre, wenn er drei Geschwister zum Rumtoben hätte. Lesen Sie mal *Wir Kinder aus Bullerbü* von Astrid Lindgren. Von wegen »Fordern und Fördern«. In Bullerbü haben Eltern und Kinder so gut wie nichts miteinander zu tun. Sie leben in friedlicher Koexistenz. Klingt das nicht wundervoll? Dort brechen Kinder mal im Eis ein oder haben Angst vor dem Schuster. Aber keins hat ADHS. Oder ist »hochbegabt«. In Hamburg-Eppendorf wird mittlerweile jedes zweite Kind auf Hochbegabung getestet. Die Logik ist klar: Wenn man nur ein Kind hat, sollte es wenigstens einen IQ von 140 haben. Und einen schwedischen Doppelnamen tragen.

Darüber musste ich oft nachdenken, als ich mit meinen Kindern durch Jordanien reiste. Auch dort liefen die Gespräche immer nach demselben Muster ab. Nur vor einem gänzlich anderen Hintergrund. In Jordanien leben nämlich sehr viele Palästinenser, die traditionell immer noch sehr große Familien haben. Ich wurde immer als Erstes nach meinen Kindern gefragt:

»How many children?«

»Three.«

»Ah! I also got three sons. And eight daughters!«

»Great.«

»But why do you only have three? Your wife ill?«

»No.«

»Don't worry. You're still young. You can have many more!«

Im Prinzip ja. Aber dafür müsste ich wohl nach Jordanien ziehen. Was übrigens gar nicht so schlecht wäre. Die jordanischen Männer werden im Schnitt ein Jahr älter als wir. Trotz ihrer vielen Kinder. Oder vielleicht auch genau deswegen?

Fragen Sie niemals Ihr Kind:

MÖCHTEST DU JETZT AUFSTEHEN?

BEGEISTERTE MUTTER: Maximilian, möchtest du jetzt aufstehen?

KIND *(fläzt sich im Bett)*: Nein.

MUTTER: Aber gleich geht der Kindergarten los.

Das Kind schweigt und spielt mit seinem Teddy.

MUTTER: Also Maximilian – willst du nicht doch aufstehen?

KIND: Nein.

MUTTER: Aber sonst verpasst du den Kindergarten!

KIND: Milch!

MUTTER: Du möchtest Milch? Meintest du das, mein Schatz?

KIND: Milch!!

MUTTER: Okay, du bekommst deine Milch ... aber danach stehst du auf, okay?

KIND: Nee.

MUTTER: Aber du musst in den Kindergarten!

KIND: Nee.

MUTTER: Doch! Da sind doch auch die vielen netten anderen Kinder ...

Das Kind schweigt und spielt mit seinem Teddy.

MUTTER: Maximilian? Hallo?

KIND: Milch!!

MUTTER: Ach ja, das hatte ich einen Moment vergessen, ich hol sie. Aber dann ... stehst du auf, mein Haselein? Mmh?

KIND: Milch!!!!!

Diese weit verbreitete Erziehungsmethode glaubt fest an die Macht des Vorbilds. Ich muss nur lange genug geduldig, freundlich, kooperativ, lieb und nett sein, dann wird auch das Kind irgendwann geduldig, freundlich, kooperativ und nett sein. Dass diese Kinder in Wahrheit immer herrischer, unleidlicher und übellauniger werden, stört den Glaubenssatz nicht. Offenbar muss man noch geduldiger sein, noch freundlicher und verständnisvoller. So definierte Albert Einstein Wahnsinn: Immer wieder dasselbe tun, aber auf andere Ergebnisse hoffen.

Das erinnert an die Geschichte von George Washington, dem ersten Präsidenten der USA. Er war einmal sehr krank. Ein Arzt kam, blickte sorgenvoll und kam zum Ergebnis: Wir müssen ihn zur Ader lassen. Das reinigt den Körper. Er nahm einen halben Liter Blut ab. Washington ging es daraufhin noch schlechter, seine Frau ließ einen zweiten Arzt kommen. Der blickte noch sorgenvoller und entschied: Wir müssen ihn zur Ader lassen. Ein halber Liter. Washington war kaum noch am Leben. Ein dritter Arzt wurde hinzugezogen. Es gibt nur noch eine Chance, sagte er. Aderlass! Ein halber Liter. Noch in derselben Nacht starb der große General.

Ähnlich konsequent verfolgen heutige Eltern ihre Vorbild-Theorie. Am Ende marodieren narzisstische Monster durch Familie, Schule, Sportverein und Nachbarschaft.

2010 nahmen 314.045 Eltern in Deutschland eine offizielle Erziehungsberatung in Anspruch. Der Erziehungsratgeber *Warum unsere Kinder Tyrannen werden* verkaufte sich 420.000 Mal, *Kinder brauchen Grenzen* von Jan-Uwe Rogge über 300.000 Mal. Genützt hat es wenig. Es ist zum Verzweifeln, was wohlmeinende Eltern ihre verzogenen Kinder alles fragen: *Möchtest du dich jetzt anziehen? Wollen wir jetzt los? Warum hast du das Mädchen denn geschlagen?*

Das mag daran liegen, dass wir unsere Kinder gerne wie (erwachsene) Freunde behandeln. Einem Freund erteilt man ja auch keine Befehle. Aber ein Freund ist auch nicht drei und muss in den Kindergarten. Und von einem Freund würde man sich auch niemals so miserabel behandeln lassen (»Milch!!«).

Demokratische Erziehung ist gut gemeint. Aber wenn man eine Anweisung geben muss, darf man keine Frage stellen. Das Finanzamt fragt Sie ja auch nicht, ob Sie dieses Jahr vielleicht Lust haben, Steuern zu zahlen. Und ein Unteroffizier erkundigt sich nicht: »Na, was meint ihr? Rechtsum?«

Fragen Sie als Lehrer niemals Ihre Klasse:

WEISS DAS JEMAND VON EUCH?

Klassenzimmer im Gymnasium, Musikunterricht.

LEHRER: So, heute wollen wir uns mit den Beatles beschäftigen. Wann waren die denn unterwegs, weiß das jemand von euch? Marcel?

MARCEL: In den Neunzigern?

LEHRER *(lächelt freundlich)*: Nein! Juliana?

JULIANA: In den Fünfzigern?

LEHRER: Nicht ganz! Johannes-Christopher?

JOHANNES-CHRISTOPHER: Ich weiß es: im 17. Jahrhundert!

LEHRER: Auch nicht. Sophie-Charlotte?

SOPHIE-CHARLOTTE: Weiß ich nicht.

LEHRER: In den Sechzigern! Also, in den Sechzigerjahren des letzten Jahrhunderts. Und was für Musik haben die denn gemacht – weiß das jemand von euch? Trond?

TROND: Blasmusik?

Das ist die beliebteste Unterrichtsmethode in Deutschland. Sieht demokratisch aus und ist absolut ineffektiv. So wie die anderen beiden tollen Pädagogikideen der Siebziger: Massenuniversität (»Bildung für alle!«) und Gruppenarbeit (einer arbeitet, die anderen kriegen die gute Zensur). Es spricht für die Hochbegabung einer ganzen Schülergeneration, dass sie bei diesem Unterricht in der PISA-Studie noch vor der Mongolei gelandet sind.

Wie kommt es zu dieser Nonsens-Kommunikation? Ich vermute, das hat etwas mit unserer Mentalität zu tun. Überlegen Sie mal: *Wer wird Millionär?* ist seit Jahren die beliebteste TV-

Show Deutschlands. Ein Quiz! Und ihr Moderator, der einfach nur abstruse Fragen mit vier Antwortmöglichkeiten von einem Bildschirm abliest, wurde in verschiedenen Umfragen schon zum glaubwürdigsten, zum sexiesten und zum gebildetsten Deutschen geadelt. Eine Gesellschaft, die über Jahre eine Quizshow und ihren Moderator vergöttert, lässt ihre Schüler konsequenterweise auch mittels Quizfragen und Rätselraten ausbilden. Der Schüler als Ratefuchs. Der Lehrer als Günter Jauch. Und auf den Wahlplakaten stehen dann Sätze wie: »WIR SIND DA!« Drei Wörter, neun Buchstaben. Welche Partei? Egal. Das ist offenbar das intellektuelle Niveau der Wähler.

Aber ich fürchte, das ist ein Kampf gegen Windmühlen, den ich hier gerade führe.

Weiß jemand zufällig, aus welchem Roman diese Metapher stammt?

a *Vom Winde verweht*

b *Im Schatten des Windes*

c *Gut gegen Nordwind*

d Ein spanischer Roman ... Nein, nicht von Enrique Iglesias .... auch nicht von Antonio Banderas ... auch nicht von Cristiano Ronaldo, der ist Portugiese ... Marcel, weißt du es?

WO HABEN SIE NUR SO GUT DEUTSCH GELERNT?

Ausländische Mitbürger

SCHÜLER: **Und, wie war ich?**
LEHRER: **Gut. Also für einen Polen absolut okay.**

Es ist ein einziger Krampf. Schon die Anrede: »Ausländischer Mitbürger«, »Migrant«, »Mensch mit Migrationshintergrund«, »migrantischer Zuwanderer« oder »migrantischer Inländer mit afroamerikanischem Zuwanderungshintergrund«?

Dabei können wir gerade einen Rekord feiern: 2012 ließen sich 400.000 Einwanderer dauerhaft bei uns nieder. Damit haben wir nicht nur alle europäischen Länder, sondern auch die klassischen Einwanderungsländer Australien und Kanada hinter uns gelassen und erklimmen unter den Industriestaaten den zweiten Platz, nur noch übertroffen von den USA. Wir sind *das* europäische Einwanderungsland! Jeder fünfte Bewohner unserer Republik stammt mittlerweile aus einem anderen Land, in Hamburg fast jeder dritte, in Offenbach jeder zweite. Es ist absolute Normalität. Nur im Alltagsbewusstsein ist das noch nicht so richtig angekommen. In den Augen vieler Einheimischer bleiben die Zugewanderten diese merkwürdigen Alien-Wesen, die aus irgendeinem nicht nachvollziehbaren Grund sogar unsere Sprache sprechen und bei einer persönlichen Begegnung mit Fragenkatalogen überzogen werden wie sonst nur Schwangere, Veganer und Schriftsteller.

Dabei sind Einwanderer so vieles: Eltern, Berufstätige, Sportler, Wähler, Leser, Kinogänger, Haustierhalter und Briefmarkensammler. Sie wollen nicht immer nur darüber reden, dass ihre Eltern nach Deutschland kamen, als sie drei waren. Wenn man sie höflich fragt, erzählen sie auch darüber spannende Geschichten. Aber sie möchten dabei nicht so angeglotzt werden, als wären sie der erste Europäer in Japan.

Übrigens ist Auswanderung bei uns genauso normal wie Einwanderung. Und es ist sehr erhellend zu verfolgen, wie es unseren Landsleuten im Ausland ergeht. Mehr als 250.000 Deutsche sind in den letzten Jahren in die Schweiz ausgewandert, wo sie von den hohen Löhnen, den niedrigen Steuern und dem großen Job-Angebot profitieren. Die Deutschen sind damit sehr glücklich. Die Schweizer nicht immer.

»Wir haben zu viel Deutsche im Land«, sagte Natalie Rickli im April 2012 im SonnTalk aus TeleZüri. Und legte in einem Interview mit dem Sonntags-Blick nach: »Einzelne Deutsche stören mich nicht, mich stört die Masse.« Und sie erklärte auch, warum: »Wenn es aber nur noch deutsche Serviertöchter hat, deutsche Ärzte, ich in den Schweizer Bergen nur noch von Deutschen bedient werde, fühle ich mich nicht mehr daheim.« Mit diesen Äußerungen löste sie ein wahres Erdbeben aus. Die Deutschenfeindlichkeit nahm ein bedenkliches Ausmaß an, mitten in Zürich wurden Deutsche als »Sau-Schwaben« beschimpft. Rickli dachte gar nicht daran, sich zu entschuldigen: »Ich hetze nicht gegen Deutsche. Ich spreche die Problematik an, dass zu viele hier sind.«

Kommt Ihnen das bekannt vor? Natürlich gibt es auch weltoffene und liberale Schweizer, die uns Deutsche verteidigen: »Ein Großteil der Deutschen macht einen super Job.« – »Die meisten Schweizer mögen die Deutschen.« – »Mir sind die Deutschen hundertmal lieber als die vom Osten, wo man fast nur Probleme hat, denn die Deutschen passen sich unserer Kultur an, was man von den anderen nicht sagen kann.«

Möchte man so verteidigt werden? Auf keinen Fall! Es ist immer dasselbe: Selbst der größte Verlierer kann stolz auf die »Nation« sein, der er zufällig angehört, und alle misstrauisch beäugen, die »von außen« kommen. Obwohl oder weil die mehr drauf haben als er selber.

Ein Thema, hundert Fallstricke. Hier sind ein paar von ihnen. Am besten wandern wir alle mal ein Jahr in die Schweiz aus, sonst werden wir dieselben unnützen Fragen bis in alle Ewigkeit stellen.

HAST DU GAR KEIN HEIMWEH?

Eine Gruppe von Aktivisten nach einer Demo in einer Kneipe.
Ein Mann um die 30 spricht eine Frau im selben Alter an.

MANN: Ich hab gehört, du kommst aus Finnland?

FRAU: Ja, aus Lahti.

MANN: Und du bist schon länger hier?

FRAU: Ja, schon seit zehn Jahren. Hab hier studiert.

MANN: Ach so. Und hast du gar kein Heimweh?

FRAU: Nach Finnland?

MANN: Ja?

FRAU: Du meinst nach den langen Sommernächten? Nach den schweigsamen, melancholischen Männern? Nach den exzessiven Partys?

MANN: Oh, das klingt gut.

FRAU: Nach den windschiefen Holzhütten zwischen den Seen? Danach, mit der ganzen Familie in die Sauna zu gehen und danach in den meterhohen Schnee zu hüpfen? Nach der Freundlichkeit der Menschen?

MANN: Genau.

FRAU: Wieso genau? Warst du schon mal da?

MANN: Nee. Warum?

Das ist gemein, wirklich gemein. Es ist die Ich-leg-mal-den-Finger-in-die-Wunde-und-tu-dabei-ganz-harmlos-Frage. Auswanderer haben immer Heimweh.

Nach der Sprache, der Landschaft, den Ritualen ihrer Heimat. Nach vertrauten Temperaturen und Klängen und Farben. Selbst wenn sie aus Fernweh gekommen sind und nicht aus

Notwendigkeit. Schon Freddy Quinn beschrieb die Dialektik dieses Prozesses:

Fährt ein weißes Schiff nach Hongkong
Hab ich Sehnsucht nach der Ferne
Aber dann in weiter Ferne
Hab ich Sehnsucht nach Zuhaus!

Sebastian Schnoy beschreibt in seinem schönen Buch *Heimat ist, was man vermisst* anschaulich, wie ein wärmesuchender Deutscher nach Mallorca auswandert und im November stündlich die aktuellen Temperaturen (über 20°) nach Deutschland simst, während sein Feriendorf schon gespenstisch leer ist. Dann telefoniert er mit einer Freundin aus Deutschland, und sie erzählt von einem Laternenumzug mit den kleinen Kindern aus der Nachbarschaft, von den Lichtern im Dunkel und dem Trompeter, der dabei war. Und dem Igel, den sie im Garten rascheln gehört hat ... Der Temperatur-Twitterer will am liebsten sofort seine Sachen packen. Und tut das schließlich auch.

Viele können aber nicht einfach ihre Sachen packen. Umso größer ist ihr Heimweh. Sie würden auch gerne darüber sprechen, aber mit anderen Einwanderern, am liebsten aus ihrer Heimat. Und nicht als Eröffnung einer Konversation. Verstehen Sie das?

Vielleicht wollen Sie mit der Frage signalisieren, dass Sie über ein Mindestmaß an Empathie verfügen. Das ist sehr löblich. Wenn Sie aber Feinsinn im fortgeschrittenen Stadium demonstrieren wollen, sprechen Sie lieber über den Himmel über Nordfriesland im September. Oder überraschen Sie Ihre Gesprächspartnerin mit einem locker hingeworfenen *hyvää päivää, kaunis nainen! (Guten Tag, schöne Frau!)* Ein Kompliment sollte man in jeder Sprache dieser Welt beherrschen.

WO HABEN SIE NUR SO GUT DEUTSCH GELERNT?

Fahrgast und Taxifahrer unterwegs.

FAHRGAST: Jetzt ist sie wieder zur mächtigsten Frau der Welt gewählt worden. Ich würde sie eher zur schwammigsten Frau der Welt wählen. Die weiß doch überhaupt nicht, was sie will. Und nur Worthülsen!

TAXIFAHRER: Ich glaube, sie ist verdammt klug. Sie wird von allen unterschätzt. Und sie hört aufs Volk. Das war doch genau richtig, nach Fukushima aus der Atomkraft auszusteigen.

FAHRGAST: Sagen Sie, darf ich Sie mal was fragen?

TAXIFAHRER: Ja?

FAHRGAST: Wo haben Sie bloß so gut Deutsch gelernt?

TAXIFAHRER: Wie meinen Sie das?

FAHRGAST: Na, Sie sind doch Türke! Dafür sprechen Sie wirklich gut Deutsch. Ich höre praktisch keinen Akzent!

TAXIFAHRER: Finden Sie? Danke! Dabei bin ich erst vor drei Wochen aus Anatolien gekommen.

FAHRGAST: Nein! Vor drei Wochen?

TAXIFAHRER: Ja. Aus einem Bergdorf. Und was da gesprochen wird, das hat nicht mal mit Türkisch was zu tun. Ist 'ne Mischung aus Kehllauten, dem Buchstaben ü und Ziegensprache. Das versteht noch nicht mal das Nachbardorf. 'ne Schule gibt's da natürlich auch nicht. Geschweige denn Straßen.

FAHRGAST: Wie gefällt es Ihnen denn hier so in Deutschland?

TAXIFAHRER: Ach, die Leute sind supernett. Nur viel zu wenig Knoblauch im Essen. Und warum tragen die Männer keinen Schnurrbart? Und die Frauen keinen Schleier?

FAHRGAST *(irritiert)*: Sie sind wirklich erst vor drei Wochen aus diesem Bergdorf gekommen?

TAXIFAHRER *(grinst)*: Ja, aus 'm Urlaub. Ich bin zwei Kilometer von hier geboren. Und meine Eltern sind schon als Kinder hergekommen.

FAHRGAST: Na, da haben Sie mich aber schön veräppelt! Haben Sie denn als Kind schon Deutsch gelernt?

Das ist die Frage aller Fragen. Praktisch jeder Mensch mit Migrationshintergrund berichtet, wie viel Schmerzen dieser Dauerbrenner bei ihm auslöst. Denn für den blonden Urgermanen bleiben Schwarzhaarige mit dunklem Teint immer »Ausländer«, auch wenn bereits deren Urururururgroßeltern eingewandert sind.

Das Paradoxe dabei ist die gute Absicht. Ein deutsch-türkischer Schriftstellerkollege von mir wurde zum Elternsprecher seiner Klasse gewählt. Als er zum ersten Mal beim Elternrat erschien, wurde er überschwänglich von der Direktorin begrüßt: »Wir alle freuen uns, dass gerade Sie unter uns sind, Herr Ünol, dass Sie sich dazu entschlossen haben, hier mitzuarbeiten. Herzlich Willkommen!« Er hatte noch nichts Kluges gesagt und nichts Vernünftiges vorgeschlagen. Er war einfach nur erschienen mit einem türkischen Nachnamen (er lebt hier seit 40 Jahren) und kam sich reichlich veralbert vor. Auch überschäumende Begeisterung kann einen merkwürdigen Unterton haben: *Oh – ein Türke, der sprechen und schreiben kann. Gratulation! Das müssen wir als gute Gastgeber gebührend würdigen!!*

Wir wollen keine Ausländerfeinde sein. Auf keinen Fall. In unserem krampfhaften Bemühen um Ausländerfreundlichkeit verfehlen wir aber wiederum das, was Einwanderer sich so sehnlich wünschen: Unbefangenheit und Offenheit.

So wie man in Japan Höflichkeit lernen kann und in England die Wertschätzung von Exzentrikern, so können wir von den USA lernen, Zuwanderer und deren Nachkommen als etwas vollkommen Selbstverständliches anzusehen. »Wo kommen Sie her?«, fragte ich eine asiatisch aussehende Kellnerin in Washington D.C. »Aus Florida«, antwortete sie.

Fragen Sie niemals einen Schotten:

UND WO IST DEIN ROCK?

Eine Gruppe von Fußballfans sitzt nach einem Spiel in einer Kneipe zusammen.

DEUTSCHER: Wenigstens hat's nicht auch noch geregnet!

MANN MIT ENGLISCHEM AKZENT: Ja, letzte Woche war ich in Schottland bei meinen Eltern. Da war wieder Dauerregen.

DEUTSCHER: Ach, du bist Schotte?

MANN MIT ENGLISCHEM AKZENT: Ja.

DEUTSCHER: Haha, und wo ist dein Rock?

MANN MIT ENGLISCHEM AKZENT: Mein Rock? Den werde ich erst wieder tragen bei der Hochzeit meiner Tochter.

DEUTSCHER: Interessant. Spielst du denn auch Dudelsack?

MANN MIT ENGLISCHEM AKZENT: Leider nein.

DEUTSCHER: Weißt du, warum Dudelsackspieler immer im Gehen spielen?

MANN MIT ENGLISCHEM AKZENT: Na?

DEUTSCHER: Bewegliche Ziele sind schwerer zu treffen!

MANN MIT ENGLISCHEM AKZENT: Ich dachte, weil sie versuchen, vor ihren eigenen Tönen zu fliehen.

DEUTSCHER: Hahaha ... Witzig! Sag mal, in Schottland, da ist doch dieses Loch Ness, oder? Mit dem Monster?

MANN MIT ENGLISCHEM AKZENT: Genau. Aber es ist wohl mehr eine Legende.

DEUTSCHER: Und seid ihr nicht besonders geizig?

MANN MIT ENGLISCHEM AKZENT: Und wie! Aber sag mal, du bist doch Deutscher ... wo ist eigentlich deine Lederhose?

Klischees und Witze. Und Witze über Klischees. Das scheint so alt zu sein wie die Menschheit selbst. Deswegen wird man als Schotte so depressiv, wenn man täglich auf Röcke und Dudelsäcke angesprochen wird. Was wollen diese Kommunikationsunholde damit eigentlich demonstrieren – Bildung? Ironie? Weltläufigkeit? Würden Sie Ostfriesen, Schwule und Schwiegermütter auch als Erstes mit einem Standardwitz beglücken?

Dieses Verhalten hat viel mit dem grassierenden Comedyterror in Deutschland zu tun. Seit dem Siegeszug von Mario Barth und Kaya Yanar ziehen Hobby-Comedians marodierend durchs Land. Erzählt eine Frau, dass sie Anita heißt, beginnt das Gegenüber zu singen: »Ich traf sie irgendwo, Mallorca oder so: ANIIIITAAA!« Und erzählt jemand, dass er gerade in Schaffhausen war, muss die Antworten lauten: »Mann, war das wieder 'n Reinfall!« Reinfall. Rheinfall. Schaffhausen. Witzig!

Die Idee, witzig sein zu wollen oder zu müssen, ist vermutlich in den männlichen Genen angelegt. Bring eine Frau zum Lachen, und du kriegst sie ins Bett. Das hat einen plausiblen Grund: Ironie und trockener Humor sind Zeichen von Intelligenz. Genau hier liegt aber das Problem: Das Wiederkäuen von Klischees ist kein Zeichen von Intelligenz. Das Lachen erfolgt, wenn überhaupt, nur aus Höflichkeit. Um das zu erkennen, fehlt es dem witzigen Sprecher aber wiederum an IQ. Es ist ein einziges Elend.

Abhilfe schaffen könnte vielleicht wie nach Fukushima zunächst ein Witz-Moratorium. Für drei Monate. Zumindest für die zehn ältesten Standardwitze, deren Halbwertszeit schon sehr lange abgelaufen ist. Also alle Witze über den Papst, George Bush, Reiner Calmund, Daniela Katzenberger und eben Schotten. Und auf jeden Fall diese drei:

Was liegt am Strand und ist kaum zu verstehen? (Eine Nuschel.)

Ich hab bei den Weight Watchers angerufen. (Hat keiner abgenommen.)

Der kürzeste Journalistenwitz? (Ein Journalist geht an einer Kneipe vorbei.)

Am besten auch keine Wortspiele mehr (»Und nun die Band *Saitensprung*!«) und keine Parodien bereits verstorbener Politiker (Wehner, Brandt, Strauß) oder anderer Prominenter (Marcel Reich-Ranicki, Inge Meysel).

Aber warten Sie, mir fällt gerade was Lustiges ein. Wäre das nicht ein toller Werbespruch für Schottland: »Transen aus Tradition«? Oder: »Die wahre Heimat von Conchita Wurst«? Oder:

Die Schottentranse, sie hat Bock
auf Dudelsack und Schottenrock,
Und nein, sie kauft kein Kleid sich:
dafür ist sie zu geizig!

Ich muss Comedian werden!

Fragen Sie niemals einen Südländer:

WILLST DU NICHT WIEDER DORTHIN ZURÜCK, WO ES WARM IST?

Hundewiese. Ein deutscher Mann und eine farbige Frau, beide um die 40, beobachten, wie ihre beiden Hunde miteinander balgen.

FRAU: Da haben sich ja zwei gefunden.

MANN: Das kann man wohl sagen. Ich bin übrigens Stefan.

FRAU: Hi. Ich bin Maria.

MANN: Was machst du hier?

FRAU: *(lacht)* Was meinst du? Ich bin mit Bella hier auf der Hundewiese!

MANN: Nein, ich meine, was machst du hier in Deutschland?

FRAU: Na, ich lebe hier!

MANN: Aber wo kommst du ursprünglich her?

FRAU: Aus Brasilien. Aus Bahia, im Norden. Wunderschön. Riesenlanger Strand. Mal gehört?

MANN: Nee. Aber ist es da nicht viel wärmer als hier?

FRAU *(zieht sich den Schal fester um ihren Hals)*: Das kann man wohl sagen!

MANN: Willst du denn nicht wieder dorthin zurück, wo es warm ist?

FRAU: Klar will ich das.

MANN: Also, du gehst bald wieder zurück?

FRAU *(lacht)*: Du, ich leb hier seit 20 Jahren. Und ich hab hier meine Mandanten. Da geht man nicht einfach so zurück.

MANN: Was für Mandanten?

FRAU: Ich bin Rechtsanwältin.

MANN: Äh, wie?

Vor 250.000 Jahren haben die Menschen Afrika verlassen. Wahrscheinlich war das ein Fehler. Wenig später erfanden sie das Schießpulver, die Atombombe und DSDS. Wenn man sich vor der Kälte in Häuser flüchten muss, wird man feindselig, unentspannt und aggressiv. Wenigstens für den Urlaub kehren wir deshalb immer wieder in die Wärme zurück, um wenigstens einmal im Jahr voraussetzungslos glücklich zu sein. Es schließt sich allerdings die Frage an: Warum legen wir unsere großen Ferien in den SOMMER, wo es auch bei uns ansatzweise warm ist, im Süden aber unerträglich heiß, statt in den Winter, wo man in unseren Graden von Schneematsch und zugiger Kälte nur schwermütig werden kann? Ein untrügliches Zeichen für die Dummheit einer ganzen Zivilisation.

Wie auch immer: Wer sein Leben lang unter der Fehlentscheidung leidet, in einem zu kalten und regnerischen Land auszuharren, der wird im ersten Moment vielleicht nicht verstehen, wie ein Farbiger es hier aushält, der ja offenbar aus einer wärmeren Gegend kommt. Und die Wahrheit ist, dass Brasilianer, Spanier und Ägypter es hier tatsächlich mitunter schwer aushalten. Aber vor allem deshalb, weil sie das soziale Leben vermissen, das sich in ihren Ländern vornehmlich draußen abspielt, an den warmen Abenden und in den lauen Nächten, in den Straßen und auf den Plätzen, die bei uns grundsätzlich ab 19 Uhr leergefegt sind. Es ist nicht nur wärmer, sondern vor allem geselliger in Madrid, Kairo und São Paulo als in Frankfurt, Hamburg und Berlin. Und vor allem das vermissen sie.

Trotzdem ist diese Frage mehr als unnütz. Denn warum sind die Menschen vor 250.000 Jahren aus Afrika aufgebrochen? Weil es nicht mehr genügend Wasserstellen gab. Nicht anders ist es heute. Massenhaft strömen hochqualifizierte Spanier ins zugige Deutschland, weil es in ihrer Heimat keine Jobs mehr gibt. Massenhaft machten sich die Iren im 19. Jahrhundert auf engen Segelschiffen nach Amerika auf, weil sie in ihrer Heimat verhungert wären. Massenhaft nehmen Afrikaner die Flüchtlingsroute durch die Sahara an die libysche Küste, weil es im Senegal, im Tschad und in Mali keine Arbeit für sie gibt. Der Mensch lebt nicht von der Sonne allein. Brot ist auch mal ganz schön. Zumindest ab und zu. Würde man sich seinen Lebensmittelpunkt aussuchen wie einen Ferienort, warum wandern dann nicht alle Deutschen nach Ibiza, Alanya und Arenal aus? Zumindest die, die dort immer Urlaub machen?

Was für Aussichten! Gründen wir die Initiative:

»Auswandern – dorthin, wo es warm ist!«

Fragen Sie niemals eine Asiatin:

KOMMST DU AUS JAPAN?

Musikhochschule, vor dem Raum, wo die Vorspiele für die Aufnahmeprüfungen stattfinden. Ein junger Deutscher und eine Asiatin auf einer Bank.

JUNGER MANN: Und du wärst eigentlich um halb elf dran gewesen?

ASIATIN: Ja, das hat sich wohl alles verschoben.

JUNGER MANN: Dann bist du also Wu Wei-Sheng?

ASIATIN: Ja.

JUNGER MANN: Kommst du aus Japan?

ASIATIN: Woher?

JUNGER MANN: Aus Japan?

ASIATIN: Hahahahahahahhahaha! Wie kommst du denn darauf???? Sehe ich etwa so aus?

Japaner haben selbst in Asien einen merkwürdigen Ruf. Sie gelten als spießig, verklemmt, übertrieben förmlich und höflich, übermäßig diszipliniert und arbeitswütig. Und die übrigen Asiaten machen sich darüber lustig, weil sie eben nicht so sind. Überhaupt nicht. Nur weil Japaner lange Zeit die einzigen Asiaten waren, mit denen wir zu tun hatten, glauben manche, alle Asiaten wären so. Das ist so, wie wenn die Asiaten glauben würden, alle Europäer würden Dirndl tragen und Bratwürste essen. Dabei trifft das noch nicht mal auf alle Deutschen zu. Ja, nicht mal auf alle Bayern.

Asiaten müssen umso mehr über diese Frage lachen, als sie sich natürlich am Namen, meist aber schon am Äußeren erkennen, während wir natürlich an dem Alle-Asiaten-sehen-gleich-aus-Syndrom leiden. Schön sind auch Fragen wie: »Kommst du aus Südkorea oder aus Thailand?« Südkorea und Thailand haben etwa so viel gemeinsam wie Finnland und Sizilien.

Wussten Sie übrigens, dass es das Phänomen, dass unattraktive Loser-Männer sich hübsche, junge Thai-Frauen oder Philippinas per Katalog kaufen, auch in Asien gibt? Nämlich in Taiwan und Japan? »Asien« ist genauso komplex und voller Gegensätze wie Europa, Afrika und Amerika. Oder Deutschland. Möchten Sie mit einem Saarländer in einen Topf geworfen werden? Ich nicht.

So wie Südkoreaner es amüsant finden, mit Japanern verwechselt zu werden, so finden es Ghanaer oder Kenianer verwirrend, immer nur als »Afrikaner« angesprochen zu werden. Als wäre Afrika ein Land wie Polen oder Dänemark. »Von sämtlichen Landmassen der Erde ist Afrika vielleicht diejenige, die kulturell, religiös, ethnisch und linguistisch am vielfältigsten ist«, sagte die Schriftstellerin Taiye Selasi in ihrem Vortrag *Afrikanische Literatur gibt es nicht.* Auch ihre Nerven liegen blank, weil sie – in London geboren, in Boston aufgewachsen, in New York lebend, mit Eltern aus Nigeria und Ghana – überall nur als »afrikanische Schriftstellerin« vorgestellt und eingeladen wird.

Noch ein Beispiel: Eine Freundin von mir ist Pianistin und stammt aus Bulgarien. »Ah, du bist aus Osteuropa«, bekommt sie regelmäßig zu hören. »Sind bei euch alle so arm?« Was für eine Frage: »Bei euch.« – »Alle.« – »So arm.« Sie selbst stammt übrigens aus einer sehr wohlhabenden Familie. Sie benötigt weder Spenden noch Mitleid. »Lass mal den Hut rumgehen, hier ist jemand aus Osteuropa!«

Wissen Sie was? Sie müssen in Konversationen mit anderen Weltbürgern nicht ihr »gefühltes Wissen« (Horst Evers) demonstrieren. Sie sind komplett ahnungslos? Geben Sie es zu. Und fragen Sie nach. Sie werden jede Menge spannende Geschichten zu hören bekommen.

KANNST DU DEINEN NAMEN TANZEN?
Exotische Minderheiten

KONZERTBESUCHERIN: **Wo haben Sie nur so gut Cello spielen gelernt?**

MUSIKER: **Vielen Dank, aber das ist ein Kontrabass.**

KONZERTBESUCHERIN: **Nein, das ist ein Cello!**

Das Exotische fasziniert uns. Künstler mit Exotenbonus können es weit bringen. Ein Komiker aus Uganda oder Australien wird es in Deutschland deutlich einfacher haben als einer aus Wuppertal oder Großburgwedel (die werden dann eher Bundespräsident). Schauspieler werden öfter besetzt, wenn sie besonders klein, groß, hager, zerknittert oder dämonisch aussehen, wenn sie besonders abstehende Ohren haben oder extrem übergewichtig sind.

Auf der Bühne ist es ein Vorteil. Nur – nicht jeder Exot strebt auf die Bühne. Vor allem will nicht jeder Exot überhaupt einer sein. Wenn man Risikosportler oder Rollstuhlfahrer ist, dann zieht man Aufmerksamkeit auf sich, ob man will oder nicht. Man könnte es soziales Schicksal nennen. Man ist wie ein Mensch mit Lampenfieber, der ständig unfreiwillig vor Publikum stehen muss. Man bekommt es abwechselnd mit unverhüllter Neugier, verkrampftem Lob, beinharten Klischees oder dümmlichen Scherzen zu tun. Oder allem gleichzeitig. Exot zu sein ist die kommunikative Höchststrafe.

Dabei könnten wir doch dankbar sein, dass nicht alle Menschen so gleichförmig und vorhersehbar sind wie das Musikprogramm von NDR2. Sie sind anders, aber sie wollen nicht den lieben langen Tag darüber reden, dass sie Veganer, Riesen oder Rothaarige sind. Oder riesenhafte rothaarige Veganer. Jedenfalls nicht schon im ersten Satz. Und nicht zwei Stunden lang. Und nicht mit Wildfremden. Sie sind auch weder besser noch schlechter als ihre stromlinienförmigen Mitmenschen. Wie sang Funny van Dannen: *Auch lesbische schwarze Behinderte können ätzend sein.*

Fragen Sie niemals einen großen Menschen:

BOAH, WIE GROSS SIND SIE DENN?

Bushaltestelle. Ein kleiner Mann steht neben einem sehr gro-ßen Mann, mustert ihn, tippt ihm schließlich an die Schulter und spricht ihn an.

KLEINER MANN: Entschuldigung, aber ... wow, wie groß sind Sie eigentlich?

SEHR GROSSER MANN: Ich?

KLEINER MANN: Ja!

SEHR GROSSER MANN: So groß wie zweihundert Mars über-einander gestapelt.

KLEINER MANN: Die Schokoriegel?

SEHR GROSSER MANN: Doppelt so groß wie Sie. Und fünf Mal so groß wie Peter Tschaikowsky.

KLEINER MANN: Der Komponist?

SEHR GROSSER MANN: Ich bin so groß wie zweitausend Spreewaldgurken. Ich bin länger als die Strecke von Uelzen nach Celle. Ich war schon bei meiner Geburt höher als das ganze Krankenhaus.

KLEINER MANN: Aber so groß sind Sie doch gar nicht!

SEHR GROSSER MANN: Stehe ich zu lange auf einem Feld, ver-ursache ich eine Missernte.

KLEINER MANN: Was erzählen Sie denn da?

SEHR GROSSER MANN: Ich überrage den Berg Nowgorod. Ich verdunkele den Himmel. Ich entscheide über Tag und Nacht. Reicht dir das, du Wurm? Du liliputanische Missgeburt? Wie winzig bist du denn?

KLEINER MANN: Jetzt werden Sie aber unverschämt!

Wenn Sie unter 1,95 Meter sind, werden Sie es nicht wissen: Sehr große Menschen bekommen diese Frage laufend gestellt. So fünf Mal am Tag. Oder auch zehn Mal. An jeder Bushaltestelle, in jeder U-Bahn und in jedem Fahrstuhl. Darauf folgt zwingend die arglose Nachfrage: *Wo kaufen Sie eigentlich Ihre Betten? Und Ihre Hosen?* Oder, wenn man sich auf einer Party trifft: *Wie ist das denn eigentlich, wenn man so groß ist?*

Wollen Sie es wirklich wissen? Hochwüchsige (Männer ab zwei Metern, Frauen ab 1,85 Meter) finden keine Klamotten, und wenn, dann sind sie entweder überteuert oder spießig oder beides zusammen. Sie leben in einer Liliputanerwelt, in der alle Türen zu klein sind, alle Lehnen zu niedrig, alle Stühle unbequem und alle Betten zu kurz. Vom krummen Gehen kriegen sie Rückenschmerzen, die Gelenke tun weh, sie brauchen Sonderanfertigungen für ihre Bettgestelle und Matratzen, und dann werden sie auch noch ständig gefragt, wo sie denn ihre Betten und Klamotten herbekommen, nachdem sie ihre gesamte Jugend als Giraffe, Spargel, langes Elend und Stelze verhöhnt wurden: »Hey, wusstest du, dass du schon in der Bibel stehst? *Und es kam eine lange Dürre*!« Hahaha. (Tatsächlich war schon der Pharao Echnaton hochwüchsig.)

»Die Wahrheit ist dem Menschen zumutbar«, schrieb Ingeborg Bachmann. Hochwüchsige aber sind sensibler, als wir Zwerge das vermuten. Sie haben keine Lust, ständig zu jammern und zu klagen. Aber was sollen sie dann antworten? Sollen sie uns erzählen, dass ihre Lobby, der KLM (Klub Langer Menschen), seit Jahrzehnten vergeblich um Steuererleichterungen für Hochwüchsige kämpft?

Hochgewachsene sind wie Promis – sie möchten nicht darauf angesprochen werden. Auch nicht, wenn sie 2,20 Meter groß sind. Oder 2,30. Der größte lebende Mann ist übrigens Sultan Kösen aus der Türkei (2,47). Er kann Dirk Nowitzki

(2,13), Florian Henckel von Donnersmarck (2,05) und Henning Scherf (2,04) locker auf den Kopf spucken. Die größte Frau, die je gelebt hat, war übrigens noch größer. Sie hieß Zeng Jinlian, kam aus China und war 2,48 Meter groß. Geben Sie es zu: Auch Sie haben die Türken und Chinesen bislang unterschätzt.

Fragen Sie niemals einen Waldorfschüler:

KANNST DU DEINEN NAMEN TANZEN?

Studentenparty. Ein Mann und eine Frau stehen an der Bar zusammen.

STUDENT: Ah, du bist auch hier zur Schule gegangen! Warst du auf dem Adalbert-Stifter-Gymnasium?

STUDENTIN: Nee, ich war auf der Waldorfschule.

STUDENT: Echt?

STUDENTIN: Ja.

STUDENT: Und? Kannst du deinen Namen tanzen?

STUDENTIN: Witzig. Weißt du was? Ich benutze nur Jutetaschen, kaufe nur afrikanische Fairtrade-Produkte, esse nur Demeter-Gemüse, fahre nur Fahrrad, verwende nur Strom aus Windrädern, trinke nur Rhabarbersaftschorle, sehe nur Dokus auf arte, trage nur selbstgefilzte Schuhe und tanze täglich meinen Namen. Was glaubst du, wie ich verhüte?

STUDENT: Äh, keine Ahnung! Muss ich das wissen?

STUDENTIN: Nein. Aber du wirst es auch nie erfahren.

STUDENT: Warte! Mit Kondomen aus Schafsdarm?

Waldorfschüler haben es gut. Sie werden nicht zensiert und können nicht sitzenbleiben, sie lernen nicht nur Schreiben und Rechnen, sondern auch Stricken und Nähen, Hämmern und Feilen, Gartenbau und Theater. Ihre Schulen sind architektonische Highlights und sie lernen von der ersten Klasse an zwei Fremdsprachen. Es gibt viele Gründe, sie zu beneiden.

Und das müssen sie büßen. Da es im Grunde an dem ganzen Konzept überhaupt nichts auszusetzen gibt, außer vielleicht an der quasi-religiösen Verehrung Rudolf Steiners, stürzt sich die Kritik auf dieses eine »lustige« Fach: Eurythmie. Namentanzen. HAHAHA! Diese lustig gemeinte Schottenrock-Comedyterror-Frage verfolgt Waldorfschüler und ehemalige Waldorfschüler bis ins hohe Alter.

Woher kommt nur dieses Ressentiment, das dringende Bedürfnis, sich über diese winzige und harmlose Minderheit lustig zu machen? Ich tippe, es ist der nun schon zwanzig Jahre andauernde Anti-Achtziger-Rollback.

Dieter Nuhr hat es vorgemacht und die gesamte deutsche Comedy-Szene hat es nachgeahmt: Gags über Softies, Müslis und Pazifisten, Feministinnen, Grüne und Wollpulloverträger gehen immer. Diese »Gutmenschen« sind angeblich total naiv, nervig und selbstgerecht und unser Hauptproblem. Fragen Sie Jan Fleischhauer (*Unter Linken*). Und wer verkörpert diesen Lieblingsfeind, das grün-alternative Betroffenheitsmilieu? Der Waldorfschüler. Klar. Männer, die stricken und tanzen! Biologisch-dynamische Landwirtschaft! Runde Ecken! Witzig!

Der waschechte Anthroposoph sieht das – und reibt sich die Augen. Rudolf Steiner hatte nichts mit Claudia Roth zu tun. Er starb bereits 1925 in der Schweiz. Es gibt 225 Waldorfschulen in Deutschland, getragen von lauter hoch motivierten und unterbezahlten Lehrern und noch mehr ehrenamtlich engagierten Eltern, eine beachtliche und zähe Bewegung, die schon vor 100 Jahren ihr kinderfreundliches Konzept entwickelte und jenseits aller pädagogischer Moden daran festhält. Viele Errungenschaften der Waldorfpädagogik haben die staatlichen Schulen längst übernommen.

Aber wenn Sie an Ihren lustigen Witzen festhalten wollen, geht es sogar noch blöder. Fragen Sie den nächsten Waldorfschüler, den Sie treffen, doch bitte, ob Waldorfschulen vom Waldorfsalat abstammen. Und erzählen Sie von Ihrem Besuch im Waldorf-Astoria in New York – ob das ein Waldorf-Hotel sei?

Ich muss mich leider korrigieren: Waldorfschüler haben es nicht gut. Sie werden gemobbt, müssen zwölf Jahre in ihrer Klasse bleiben und lauter Betriebspraktika machen. Und wohin sie auch reisen in der Welt, um ihren Namen vorzutanzen – nach Afrika, Asien, Amerika oder Australien – niemand hat sie je verstanden.

Fragen Sie niemals einen Übergewichtigen:

HAST DU'S EIGENTLICH SCHON MAL MIT EINER DIÄT PROBIERT?

Zwei Mütter sitzen auf einer Spielplatz-Bank, während ihre kleinen Kinder miteinander spielen.
DÜNNE MUTTER: Morgen Nachmittag gehen wir schwimmen. Habt ihr Lust mitzukommen?
DICKE MUTTER: Nee, weißt du, bei meiner Figur geh ich nicht so wahnsinnig gerne ins Schwimmbad.
DÜNNE MUTTER: Hmm, versteh ich. *(leise, beugt sich hin-*

über) Sag mal, hast du's eigentlich schon mal mit einer Diät probiert?

DICKE MUTTER: Diät? Welche meinst du?

DÜNNE MUTTER: Ich weiß nicht.

DICKE MUTTER: Die, wo man kein Fett mehr isst, oder die, wo man keine Kohlehydrate mehr isst? Oder weder Fett noch Kohlehydrate?

DÜNNE MUTTER: Keine Ahnung ...

DICKE MUTTER: Oder die Zwiebel-Knoblauch-Diät? Vier Wochen nur Zwiebeln und Knoblauch. Eingelegt, gekocht und roh. Ist für den Partner nicht so schön.

DÜNNE MUTTER: Kann ich mir denken ... funktioniert das denn?

DICKE MUTTER: Oder die Linsen- und Erbsensuppediät, wo man sein Gewicht rausfurzt.

DÜNNE MUTTER: Ich ...

DICKER MUTTER: Oder die Pudding-Schokolade-Pfannku-chen-Eis-Diät. Man isst so lange Süßigkeiten, bis man sich übergeben muss. 50 Tage lang.

DÜNNE MUTTER: Entschuldigung ... die hast du gemacht?

DICKE MUTTER: Was glaubst du denn?

Übergewichtige haben meist nicht eine, sondern Hunderte von Diäten hinter sich. Mit jeder Diät lernt ihr Körper, mit noch weniger Energie auszukommen. Die Zellen begreifen: Manch-mal kommen Hungerperioden. Für die muss ich Fettreserven anlegen. Das Wort Jojo-Effekt verniedlicht die Tragik dieser Entwicklung. Die Frage nach der Diät ist so naiv wie sinnlos. Sie ist wirklich unnütz. Und sie stellt eine Forderung, die viele nicht erfüllen können oder wollen.

Manche sind einfach nicht fürs Schlanksein gemacht. Des-wegen treibt unser Schönheitsideal viele in die Essstörung, vor allem Mädchen und junge Frauen. Dicke sind zur Häme freigegeben. Kaum jemand wird von Comedians so oft aufs Korn genommen wie Tine Wittler. Warum eigentlich?

Tine Wittler hat übrigens einen sehr schönen Film gedreht: *Wer schön sein will, muss reisen.* Darin reist sie durch Mauretanien, wo traditionell nur sehr füllige Frauen als schön gelten. Die beste Szene: Eine berühmte, sehr dicke mauretanische Frau blättert durch ein von Tine Wittler mitgebrachtes europäisches Modemagazin – und lacht Tränen.

Damit der Mensch als Spezies überlebt, gibt es ihn in allen Gewichtsklassen. In Japan gilt ein großer Bauch als Zeichen von Stärke und Kraft. Und was die hysterische Übergewichtspanik vom *Spiegel* bis zum Verbraucherschutzministerium gern übersieht: Leicht Übergewichtige haben eine signifikant höhere Lebenserwartung als Dünne. Und stark schwankendes Gewicht ist viel gesundheitsschädlicher als Übergewicht.

Wenn Sie sich noch beliebter machen wollen, fragen Sie eine Übergewichtige erst gar nicht nach ihrer Diät, sondern starten Sie gleich mit einem fröhlichen: »Oh, du bist schwanger! Was wird es denn?«

WAS DARFST DU DANN ÜBERHAUPT NOCH ESSEN?

Zwei Studentinnen lernen zusammen in einem WG-Zimmer.

ERSTE STUDENTIN: Also, ich versteh das nicht. Was soll das heißen, »Selbstreferentialität des Systems«?

ZWEITE STUDENTIN: Mal was anderes, ich hab so 'n Hunger. Wollen wir uns was kochen?

ERSTE STUDENTIN: Unbedingt. Ich hab auch totalen Hunger.

ZWEITE STUDENTIN: Vielleicht ein Kartoffelomelett? Ich hab noch Eier da. Und Pellkartoffeln von gestern.

ERSTE STUDENTIN: Oh, das ist nichts für mich. Ich bin Veganerin.

ZWEITE STUDENTIN: Echt?

ERSTE STUDENTIN: Ja.

ZWEITE STUDENTIN: Und was heißt das genau?

ERSTE STUDENTIN: Dass ich nichts Tierisches zu mir nehme. Kein Fleisch, keine Eier, keine Milchprodukte.

ZWEITE STUDENTIN: O Gott. Und was darfst du dann überhaupt noch essen?

ERSTE STUDENTIN: Du, ich darf alles essen. Niemand verbietet mir etwas.

ZWEITE STUDENTIN: Ja schon, aber wenn du kein Fleisch und keine Eier und keine Milch – auch keinen Käse?

ERSTE STUDENTIN: Genau.

ZWEITE STUDENTIN: Nicht mal Joghurt?

ERSTE STUDENTIN: Auch nicht.

ZWEITE STUDENTIN: Und Quark?

ERSTE STUDENTIN: Keine Milchprodukte.

ZWEITE STUDENTIN: Das stell ich mir ja echt anstrengend vor ... auch keine Sahne?

Veganer müssen dauerkommunizieren. Mit Fleischessern sowieso. Aber so wie die SPD nichts mehr hasst als die Linke, sind die schlimmsten Feinde der Veganer die Vegetarier. Bis die Veganer auftauchten, sahen sie sich stolz als esspolitische Avantgarde, als praktizierende Tierrechtsschützer. Und dann kommt ein dahergelaufener Veganer und sagt ihnen ins Gesicht, dass auch Milchkühe und Legehennen unter unwürdigen Umständen gehalten werden und sie daran mitschuldig seien, weil sie genauso gut Sojamilch und Tofukäse essen könnten. Mit einem Mal ist der aufrechte Vegetarier zum Reaktionär degradiert. Toll, denkt er sich. Und demnächst darf ich auch keine Lederschuhe mehr tragen, oder was? Der Veganer erleidet das Schicksal all jener, die eine schlechte Nachricht überbringen. Wer will schon freiwillig sein Leben ändern, nur weil der andere recht hat? Viel besser ist es, den Hiobsbotschafter mit blöden Fragen einzudecken wie beim Torwandschießen. Beginnen Sie zum lockeren Auftakt mit dem immer sinnlosen »Echt?«. Schieben Sie ein »Ach wirklich, Veganer?« hinterher und legen dann erst richtig los: »Aber ist das nicht ungesund? Braucht man nicht tierisches Eiweiß? Kriegt man davon nicht Mangelerscheinungen? Nimmt der Sojaanbau in der Dritten Welt nicht den Leuten dort das Essen weg, so dass sie hungern müssen? Und wenn man Kinder hat, wäre das doch total unverantwortlich, oder?« Und schließen Sie mit einem freundlichen: »Bist du deshalb so klein und blass?«

Einen Karatekurs werden Sie nicht brauchen – Veganer sind zwangsweise so friedlich, die können sich gar nicht wehren.

Und ein schlechtes Gewissen brauchen Sie auch nicht zu haben. Wer den Helden spielen will, hat selber Schuld!

IST DAS NICHT GEFÄHRLICH?

Klassenausflug. Zwei Schülerinnen, Lotte und Karla, nebenei-
nander im Bus.

KARLA: Spielst du eigentlich auch Fußball?

LOTTE: Nee, ich klettere.

KARLA: Echt?

LOTTE: Ja.

KARLA: Ist das nicht gefährlich?

LOTTE: Geht so. Weißt du, man sichert sich ja gegenseitig. Und dadurch ist es eigentlich nicht gefährlich. Ich hatte zum Beispiel noch nie 'n Unfall. Und das mit dem Sichern lern' ich auch immer besser.

KARLA: Wie, immer besser?

LOTTE: Na, letztens hatte ich nicht aufgepasst und das Seil zu locker gehalten. Und als die Simone dann runterfiel, ist sie voll auf den Boden geknallt, weil das Seil zu locker war.

KARLA: O Gott. Lebt sie noch?

LOTTE: Alles halb so schlimm. Nur Arme und Beine gebrochen.

KARLA: Arme *und* Beine?

LOTTE: Ja, und bei Philipp hatte ich irgendwie das Seil falsch ins Sicherungsgerät reingemacht. Oder den Sicherungsknoten falsch gebunden. Der hat sich ein paar Rippen gebrochen.

KARLA: Scheint ja doch ziemlich gefährlich zu sein!

LOTTE: Ach was. Die Gefahren werden total übertrieben.

KARLA: Und wie oft machst du das?

LOTTE: Jedes Wochenende. Ist nur manchmal schwierig, einen Partner zu finden, weil sich manche nicht mehr von mir sichern lassen wollen.

KARLA: Und was machst du dann?

LOTTE: Ach, ich frag einfach die Neuen. Die haben immer Lust!

Die Fragen stimmen. Nur die Antworten nicht. In Wahrheit laufen die Gespräche immer so ab: Der ganz normale Angsthase fragt, ob das nicht gefährlich sei – Klettern, Tauchen, Fallschirmspringen etc. Der gut gelaunte Risikosportler antwortet, nein, es sei ganz und gar nicht gefährlich. Der ganz normale Angsthase fragt nach, ob es nicht doch ziemlich gefährlich sei. Der immer noch gut gelaunte Risikosportler wiegelt ab, nein, die Gefahren würden völlig übertrieben. Der ganz normale Angsthase beharrt darauf, dass es aber doch nicht ganz ungefährlich sei, worauf der nicht mehr ganz so gut gelaunte Risikosportler genervt wiederholt, dass es viel, viel gefährlicher sei, Auto zu fahren, und so weiter. Ein Ergebnis wird nicht erzielt. Wie auch. Ein Mensch, der beim Fahrradfahren einen Helm trägt, der gegen lauter Krankheiten geimpft ist, die längst ausgestorben sind, der sich mit Lichtschutzfaktor 50 eincremt, bei Glatteis das Haus nicht verlässt, gegen Berufsunfähigkeit versichert ist und sich sportlich bei Nordic Walking und Minigolf austobt, wird nie verstehen, warum jemand anderes für seinen Sport sein Leben riskiert. Freiwillig! Seine Frage würde ehrlicherweise lauten: *Du hast doch nur dieses eine Leben – wie kannst du so fahrlässig und leichtsinnig sein, es für ein albernes Hobby aufs Spiel zu setzen?*

Und ist die Frage nicht berechtigt? Ist es nicht der reinste Wahnsinn, wie viele lebensgefährliche Risikosportarten in Deutschland betrieben werden? Mit so vielen tödlichen Unfällen? Im Jahre 2011 starben:

– Beim Mountainbiken: Niemand.
– Beim Kunstwandklettern: Niemand.

- Beim Drachenfliegen: 2 Menschen.
- Beim alpinen Klettern und Bouldern: 3 Menschen.
- Beim Fallschirmspringen: 5 Menschen.
- Bei Skitourengehen: 7 Menschen.
- Beim Bergsteigen: 9 Menschen.
- Beim Gleitschirmfliegen: 13 Menschen.
- Beim Wandern: 19 Menschen.

57 tragische Sportunfälle. Von insgesamt 852.328 Todesfällen. Woran starben denn bloß all die anderen?

- 85 an Essstörungen.
- 986 durch den Konsum illegaler Drogen.
- 1064 durch Arbeitsunfälle.
- 4197 durch Verkehrsunfälle.
- 7868 durch Unfälle im Haushalt.

Ach ja, und durch Erkrankungen des Herz-Kreislauf-Systems: 342.233 Menschen.

Unsere Risikowahrnehmung ist vollkommen verzerrt. Die Wahrscheinlichkeit, überhaupt in einem Unfall zu sterben, beträgt 1:5000. (0,02 Prozent der Bevölkerung sterben pro Jahr in Unfällen.) Zwanzig Mal höher ist die Wahrscheinlichkeit, dass Sie an einer Herz-Kreislauf-Erkrankung sterben: 1:260. Dagegen müssen Sie theoretisch 66.000 Fallschirmsprünge absolvieren, um dabei draufzugehen. Auf dem Sofa rumzusitzen ist also etwa 250-mal so gefährlich wie Fallschirmspringen oder Sportklettern. Wie das kommt?

Das Eigentümliche an Risikosportarten ist, dass alle sich der Risiken in hohem Maße bewusst sind. Risiken zu erkennen, zu kontrollieren und zu vermeiden wird von Anfang an erlernt, geübt, trainiert. Man nennt das Risikokompetenz. Es ist ein wesentlicher Teil dieser Sportarten. Leichtsinnig und gedankenlos ist dort niemand. Und genau deswegen ist es um ein

Vielfaches gefährlicher, zuhause die Glühbirne auszuwechseln oder die Fenster zu putzen. Oder nachts über die Landstraße nach Hause zu fahren. Da denken alle nur dumpf: *Alles kein Problem.*

Man kann es auch so ausdrücken: Wir verbringen unser Leben damit, vor Dingen Angst zu haben, die nahezu ungefährlich sind, während wir die wirklich gefährlichen Dinge gar nicht sehen. Wir haben Angst vor Zeckenbissen, wilden Hunden, Blitzeinschlägen und Flugzeugabstürzen. Was glauben Sie, welche dieser vier Gefahren ist am größten? Welche am kleinsten? Hier die Wahrscheinlichkeit, dass Sie daran sterben:
- Hirnhautentzündung: 1:783.000
- Flugzeugabsturz: 1:3,3 Millionen
- Blitzeinschlag: 1:16,5 Millionen
- Hundebiss: 1:41 Millionen

Carsten Jasner zieht in seinem Buch »*Mut proben! Das Leben ist tödlich. Aber es muss nicht sterbenslangweilig sein*« folgenden Vergleich: Durch Terroranschläge starben in den letzten zehn Jahren in Europa insgesamt 500 Menschen. Ähnlich viele ertrinken jedes Jahr in deutschen Binnengewässern. Viele Milliarden wurden für Anti-Terror-Programme ausgegeben. Aber Bademeister wurden entlassen.

Zurück zum Klettern. Außenstehende denken nur über die Gefahr nach. Der Kletterer dagegen genießt die Glückshormone, das Gemeinschaftserlebnis, die Körperbeherrschung. Außerdem: Gehen Sie mal in eine Boulderhalle und schauen Sie sich die Männeroberkörper da an. Die müssen keinen Fitnesstrainer nach der besten Bauchmuskelübung fragen.

Bevor Sie sich von den Gefahren des Lebens vom Leben abhalten lassen, denken Sie daran, was John Maynard Keynes gesagt hat: »Auf lange Sicht sind wir alle tot.«

TUT DAS NICHT WEH?

Zwei Jungs auf dem Nachhauseweg.

ERSTER JUNGE: Ich hab gehört, du machst Judo?

ZWEITER JUNGE: Ja.

ERSTER JUNGE: Sag mal, tut das nicht weh?

ZWEITER JUNGE: Wie meinst du das?

ERSTER JUNGE: Ja, das Ganze. Das Kämpfen und so.

ZWEITER JUNGE: Ja schon, manchmal. Aber das Erste, was man übt, ist ja gerade das Fallen. Also so zu fallen, dass es nicht so weh tut.

ERSTER JUNGE: Also es tut doch weh?

ZWEITER JUNGE: Klar, ein bisschen. Aber was ist daran so schlimm?

ERSTER JUNGE: Na, dass es weh tut! Wieso machst du das dann?

ZWEITER JUNGE: Weil es Spaß macht!

ERSTER JUNGE: Aber wie kann es Spaß machen, wenn es weh tut?

Judo, Karate, Kickboxen, Catchen, Boxen: Jede Art von Kampfsport ist heute wirklich exotisch. Wir versuchen mittlerweile, beides dauerhaft zu vermeiden: Wir wollen weder kämpfen noch Schmerzen erleiden. Das ist unsere Kultur. Der Zahnarzt fragt schon gar nicht mehr, ob man eine Spritze haben möchte – obwohl die schmerzhafter sein kann als das Bohren selbst (und noch den ganzen Tag nachwirkt). Aber das ist alles nachrangig. Was unsere Kultur anstrebt, ist ein schmerzfreies Leben. Und Konflikte wollen wir lösen, indem wir möglichst lange diskutieren – sei es auch mit Baschir al-Assad, Kim Jong-un oder dem Klassenprügler. Supervision, Mediation, Coaching und Gruppentherapie – und alles wird gut. Dass das Leben bisweilen aus Situationen besteht, in denen nur einer sich durchsetzen kann, blenden wir aus. Debatten werden durch Talkshows ersetzt. Können Sie sich an den letzten Wahl-»Kampf« erinnern? Oder an das letzte TV-»Duell«? Mit Sicherheit nicht. Weil weder gekämpft noch duelliert wurde.

Menschen, die Schmerzen ertragen, sind für uns noch exotischer als Menschen, die Risiken eingehen. Ich habe einen Karatekämpfer nach seinen Schmerzen gefragt. »Zurzeit tut mir meine Nase weh, ich habe einen Fauststoß abgekriegt«, erzählte er. »Dazu: blauer Zeh, durchgewetztes Steißbein (Sit-ups auf Schulturnhallenboden) und gestauchte Gliedmaßen (Handgelenk, Ellenbogen, Knie, Finger).« Warum er es trotzdem mache, fragte ich ihn. »Man spürt es in dem Moment gar nicht so, weil man so viel Adrenalin ausstößt«, erklärte er. »Außerdem machen solche Kriegsverletzungen unglaublich männlich. Das verbessert sogar den Sex. Die Schmerzen geben einem das Gefühl, dass man lebt. Abgesehen davon sind die Schmerzen Pädagogik: Man spürt einen technischen Fehler direkt und hat eine deutliche Motivation, diesen Fehler nicht zu wiederholen.«

Klingt alles sehr einleuchtend. Passt nur nicht ganz in mein Leben. Aber seit er mir das erzählt hat, sehe ich das Kickboxstudio, an dem ich jeden Tag vorbeikomme, mit anderen Augen. Männliche Kriegsverletzungen, besserer Sex und intensives Lebensgefühl: Durch Federball werde ich das kaum bekommen. Vielleicht gehe ich doch mal rein. Wobei – tut das nicht weh?

KANN MAN DA NICHT WAS MACHEN?

Die beiden Freundinnen Martina und Ines telefonieren mitei-
nander.

MARTINA: Wahnsinnswetter. Hast du Lust, mit zum Strand zu
kommen?

INES: Nee, sorry, ich hab doch diese blöde Neurodermitis. Ist
gerade wieder ganz schlimm.

MARTINA: Immer noch?

INES: Ja.

MARTINA: Kann man da nicht was machen?

INES: Was meinst du?

MARTINA: Na, so was wie chinesische Medizin. Oder Reiki. Ich
hab auch gehört, es soll helfen, wenn man keine Tomaten mehr
isst.

INES: Interessant. Aber weißt du, ich hab aufgehört, da dran
rumzudoktern.

MARTINA: Im Ernst?

INES: Ja. Weißt du, das Jucken macht einen rasend. Aber wenn
ich davon erzähle, haben alle immer so viel Mitleid – das
genieße ich einfach zu sehr!

MARTINA: Ach. Aber willst du es nicht wenigstens mal mit den
Tomaten probieren?

Im 19. Jahrhundert starben vier von fünf Menschen in Deutschland an Infektionskrankheiten. 1980 war es nur noch jeder
hundertste. Dafür leiden inzwischen zwanzig Prozent unserer
Bevölkerung an chronischen Krankheiten. Jeder Fünfte hat

Neurodermitis, Diabetes, Asthma, Alzheimer, Schizophrenie, Demenz, Epilepsie, Gicht, Rheuma, Tinnitus, Morbus Crohn, Multiple Sklerose, Leberzirrhose oder Parkinson. Auch Migräne kann chronisch werden.

Alle diese Krankheiten stellen den klassischen Krankheitsverlauf in Frage: Wir werden krank, wir werden geheilt, wir sind wieder gesund. Diese Krankheiten bleiben. Das widerspricht unserem gesamten Verständnis der Welt und des Lebens. Wir sind eine Zivilisation des Machens. Wir machen Dinge und Sachen. Wir machen Reisen und Ausflüge. Wir machen Kinder und Umzüge. Wir machen auch Fehler und Irrtümer, aber nur so lange, bis wir wieder alles richtig machen. Wir machen sehr viel Forschung, und am Ende machen wir alle wieder gesund. Und genau da hakt es. Die Pharmaindustrie forscht und forscht, aber die Zahl der chronisch Kranken steigt und steigt. Das kann unseren Glauben an die Machbarkeit der Gesundheit aber nicht erschüttern. Ist jemand dauerhaft krank, hat er noch nicht alles gemacht. Er war noch nicht beim vietnamesischen Akupunkteur aus Altona und der ayurvedischen Warzenheilerin aus Wittingen. Obskure Behandlungsmethoden wie Bachblüten oder Geistheilung leben nur von dieser lebensphilosophischen Prämisse: »Da muss man doch was machen können!«

Es fällt uns schwer, das Gegenteil zu akzeptieren: Manchmal kann man nichts machen. Niemand ist Schuld, niemand kann etwas ändern. Und alle müssen lernen, damit zu leben. Das ist schwierig genug. Und dann kommt der Kollege aus der Nachbarabteilung, die Urlaubsbekanntschaft oder der Postbote und verrät einem das todsichere Rezept gegen Migräne: Kaffee mit Zitrone. Vielen Dank für den Tipp!

Gegen den Tod gibt es keine Pille. Und auch gegen viele Krankheiten nicht. Wie sagten die Stoiker: »Den Willigen führt das Schicksal. Den Unwilligen zerrt es.«

MÜSSTE ICH SIE KENNEN?
Kunst & Bühne

SZ-MAGAZIN: **Mr. Reed, was ist Ihr Lebenstraum?**
LOU REED: **Ich träume davon, dass Journalisten mir in Zukunft nie wieder solche Fragen stellen.**

Freiberufler und Selbstständige sind in unserer Kultur eine Minderheit. Noch exotischer sind diejenigen, die sich als Künstler selbstständig machen. Sicher gehört ein Schuss Wahnsinn dazu, denn niemand weiß, ob er als Van Gogh enden wird, der zu Lebzeiten nur ein Bild verkauft hat, oder als Gerhard Richter, der gerade 30 Millionen Euro für eines bekam. 80.000 neue Bücher erscheinen jedes Jahr in Deutschland. Alleine in Los Angeles leben 200.000 Schauspieler. Und praktisch jeder kann fotografieren. Und da will irgendjemand Schriftsteller, Schauspieler oder Fotograf werden?

Dazu kommt, dass die meisten Menschen aus purer Mittelpunktsangst niemals freiwillig eine Bühne beträten. Sie verstehen nicht, wieso man nicht vor Lampenfieber stirbt, sobald die Kamera angeht, wie man so viel Text lernen und als Schriftsteller komplette Parallelwelten erschaffen kann. Das gesamte Künstlerdasein ist ihnen ein Buch mit sieben Siegeln. Und dann begegnet ihnen plötzlich und unerwartet so ein seltsames Exemplar. Verständlich, dass sie die einmalige Gelegenheit ergreifen, um eine ganze Batterie an Fragen abzuschießen.

Für den Künstler wiederum ist es genau umgekehrt. Er hat sich daran gewöhnt im Rampenlicht zu stehen, Bilder zu malen, ein unregelmäßiges Einkommen zu haben und in seinem Werk sein Innerstes preiszugeben. Er hat ganz andere Sorgen. Er fragt sich permanent, ob das, was er tut, gut genug ist oder auch nur irgendeinen Wert hat. Er beneidet die Kollegen, mit denen er zusammen angefangen hat und die ihn inzwischen meilenweit überholt haben und nationale oder internationale Stars geworden sind. Er hat Angst vor der Zukunft, ist von den Widrigkeiten des Tourlebens genervt und ihn quält der Verdacht, beim falschen Agenten oder Galeristen gelandet zu sein. Darüber redet er auch wahnsinnig gerne. Aber mit Menschen, die dieselben Sorgen haben wie er – also mit anderen Künstlern.

Weniger gern beantwortet er die ewig gleiche Serie von Fragen, die Nicht-Künstler beim Kennenlernen auf ihn abfeuern.

Vielleicht werden Sie nie im Leben einem Romanautor, Filmregisseur oder Tänzer begegnen. Wenn Sie aber doch mal auf so einen Typen treffen – versprechen Sie mir hoch und heilig, die folgenden Fragen wegzulassen. Behandeln Sie ihn weder wie einen Heiland noch wie einen Irren noch wie einen Bettler noch wie einen Alien noch wie einen seltenen Schmetterling, sondern wie einen ganz normalen Menschen. Auch wenn er das natürlich weder ist noch sein möchte. Die Chance, dass er Ihnen dann irgendetwas aus seinem Leben erzählt, ist aber viel höher, und meistens können Künstler sehr gut erzählen. Denn natürlich sind es Wahnsinnige – aber unterhaltsame Wahnsinnige. Sonst könnten sie auch nicht davon leben.

WIE KOMMEN SIE EIGENTLICH AUF IHRE IDEEN?

In der Sauna. Zwei Männer mittleren Alters nebeneinander am Fußbad, einer mit Vollbart, einer mit Schnurrbart. Der eine schaut den anderen skeptisch an. Dann erfreut.

VOLLBART: Sind Sie nicht Willi Horst?

SCHNURRBART: Ja.

VOLLBART: Ich hab Sie letztens auf 3sat gesehen. Köstlich!

SCHNURRBART: Danke.

VOLLBART: Meine Frau und ich sind Ihnen schon regelrecht hinterhergereist. Sie sind ja soo genial! Alleine diese Nummer mit dem Maulwurf ...

SCHNURRBART: Die ist von René Marik.

VOLLBART: Ach ja, genau. Aber die Nummer mit der Frau in der Umkleidekabine ... wir haben uns totgelacht!

SCHNURRBART: Danke.

VOLLBART: Wie kommen Sie eigentlich so auf Ihre Ideen? Auf dieses verrückte Zeugs? Haben Sie ein Geheimrezept?

SCHNURRBART: Klar.

VOLLBART *(vertraulich)*: Na? Verraten Sie's mir?

SCHNURRBART *(sehr leise)*: Das dürfen Sie aber nicht weitersagen!

VOLLBART: Selbstredend!

SCHNURRBART: Also, erstens: Sehr viel Alkohol. So wie Faulkner, Hemingway und Harald Juhnke.

VOLLBART: Ach.

SCHNURRBART: Zweitens: Drogen. Wie Aldous Huxley und Konstantin Wecker.

VOLLBART: Sieh mal einer an!

SCHNURRBART: Dann: Viel Sex. Vor allem mit sehr jungen Frauen. Denken Sie an Roman Polanski oder Udo Jürgens.

VOLLBART *(erbleicht)*: Ist das nicht kriminell?

SCHNURRBART: Viertens: Ab und zu eine handfeste Schlägerei. Wie Liam Gallagher oder Pete Doherty.

VOLLBART: Pete wer?

SCHNURRBART *(ganz leise)*: Und wenn alles nicht hilft: Einfach die besten Gags der Kollegen klauen!

VOLLBART: Das ... das ist ihre Methode?

SCHNURRBART: Nein, war nur 'n Scherz. In Wirklichkeit lasse ich mir alles schreiben. Von Ghostwritern.

VOLLBART: Von wem denn?

SCHNURRBART: Philipp Rösler und Dirk Niebel. Die sind doch beide arbeitslos. Und wirklich große Komiker.

Es scheint das größte Mysterium zu sein, das Künstler umgibt: Wie man von etwas leben kann, was man sich selber ausdenkt. Wie man sich überhaupt ständig Dinge ausdenken kann. Wie das mit dieser seltsamen »Kreativität« funktioniert. Damit ist es in unserer Kultur eine merkwürdige Sache. Einerseits wird sie so hoch geschätzt, dass man sich schon schämen muss, wenn man nicht bereits drei Romane veröffentlicht oder wenigstens eine Fotoausstellung in seinem Stamm-Dönerladen laufen hat. Andererseits wird sie zu einem religiösen Geheimnis hochstilisiert, zu etwas, das offenbar mit sehr viel Whiskey, Sex, Genialität oder dem Tod naher Angehöriger zu tun hat. Die »Idee« wird als Blitz gesehen, der irgendwie und irgendwann einschlägt, ohne dass man das beeinflussen könnte.

In Wirklichkeit ist das Rezept sehr einfach: 1. Muße, 2. Austausch, 3. Musterkombination, 4. Übung.

1. Muße. Erfinder: Die Griechen. Idee: Die Einfälle kommen von selbst. Man muss ihnen nur Zeit und Raum geben, Ablenkung vermeiden, sich in eine Sache hineinbegeben, duschen, joggen, spazieren, kochen, baden, dösen, darüber plaudern ... schon purzeln die Ideen. Funktioniert sehr gut.

2. Austausch. Der genialisch-einsame Wolf ist der große Mythos und die große Ausnahme. In der Regel entsteht große Kunst im Kollektiv. Wie im Paris der 1930er Jahre, als Picasso, Fitzgerald, Gide, Dali und Bunuel sich gegenseitig zu ihren Meisterwerken inspirierten. Horst Evers und Marc Uwe Kling begannen in Berliner Lesebühnen. Van Gogh malte zusammen mit Paul Gauguin. Brahms zog nach Wien, Andy Warhol und Lou Reed trafen sich in New York. Die Brücke, der Blaue Reiter, die Gruppe 47, die Neue Frankfurter Schule: Man inspiriert sich und man beklaut sich, und manchmal ist das sehr schwer voneinander zu trennen.

3. Musterkombination. Es gibt keine neuen Ideen in der Kunst. Es gibt nur neue Kombinationen alter Muster. Mixe Cartoon und Hochkunst *(Pop Art)*, Horrorfilm und Teenie-Komödie *(Scary Movie)*, Poesie und Pornographie *(Bukowski)*, Hitlerbuch und Mediensatire *(Er ist wieder da)*, Gruselästhethik und romantische Liebe *(Tim Burton)*, Heldenepos und Science Fiction *(Star Wars)*. Die mögliche Anzahl von Kombinationen ist unendlich groß, unendlich verwirrend und unendlich inspirierend.

Kreativität kann man üben. Luis Buñuel hat sich jeden Tag einen Film ausgedacht. In einer stillen Bar, bei einem Drink, jeden Nachmittag zwischen fünf und sechs. Und bevor Frank McCourt den Weltbestseller *Die Asche meiner Mutter* schrieb, hat er jahrelang Creative Writing unterrichtet.

Wenn die Hälfte des Deutschunterrichts aus Creative Writing bestünde, müsste man nicht mehr in der Sauna erklären, wie man auf seine Ideen kommt. Ich möchte eigentlich generell in der Sauna keine Interviews geben, weder im Bademantel noch in ein Handtuch gewickelt noch nackt. Übrigens: Wenn man nach dem Saunagang in der Eiseskälte rumläuft und ins Tauchbecken springt – da kommen einem die allerbesten Ideen.

Fragen Sie niemals einen freiberuflichen Künstler:

KANN MAN DAVON LEBEN?

Zugrestaurant. Ein Mann korrigiert ein Manuskript, ihm gegenüber eine Frau, die liest.

MANN: Ich glaube, ich warte jetzt seit Uelzen auf eine Kellnerin. Bald sind wir in Freiburg. Kann ich vielleicht auch bei Ihnen bestellen?

FRAU *(lacht)*: Was würden Sie denn bestellen?

MANN: Einen Kaffee, weiter nichts.

FRAU: Wir haben aber seit Kiel kein heißes Wasser.

MANN: Dann einen kalten Kaffee.

FRAU *(lacht)*: Was korrigieren Sie da eigentlich?

MANN: Mein neues Buch.

FRAU: Oh. Sie sind Schriftsteller?

MANN: Ganz genau.

FRAU: Kann man denn davon leben?

MANN: Davon leben? Um Himmels willen, nein!

FRAU: Das dachte ich mir schon ... aber wovon leben Sie dann?

MANN: Na, ich hatte ehrlich gesagt damit gerechnet, dass Sie mich einladen!

FRAU: Nein, ich meine, wovon Sie leben!

MANN: Von Frauen, die mich einladen! Rilke hat doch auch nur von den Gräfinnen gelebt, bei denen er gewohnt hat.

FRAU: Tatsächlich?

MANN: Aber klar. Günter Grass lebt seit 50 Jahren bei seiner Mutter. Siegfried Lenz bekommt Hartz IV. Und Frank Schätzing wird von seiner rumänischen Putzhilfe ausgehalten. Die weiß gar nicht, dass er den *Schwarm* geschrieben hat.

FRAU: Wirklich? Ich dachte, die hätten alle Geld!

MANN: Aber woher denn! Als Schriftsteller?

Eigentlich redet man in Deutschland nicht über Geld. Wenn wir nicht gerade im öffentlichen Dienst arbeiten, wissen wir nicht, was unser Kollege oder unser Vorgesetzter verdient. Wir fragen unsere Nachbarn und Bekannten nicht nach ihrem Gehalt. Ich weiß teilweise selbst bei engsten Freunden nicht, wie viel sie verdienen. Es gibt sogar Stillschweige-Klauseln in Verträgen. Wir sind nicht in Norwegen, wo jede Steuererklärung öffentlich einsehbar ist.

Aber sobald man irgendjemandem auf Nachfrage mitteilt, man sei Autor, Komponist, Sänger, Komiker oder Maler, folgt unweigerlich die Frage: *Kann man denn davon leben?* Was ja nichts weiter ist als die Frage, wie viel man verdient. Die man eigentlich nicht stellt. Man legt einem Wildfremden nicht seine finanziellen Verhältnisse dar.

Die Frage kann zwei ganz verschiedene Hintergründe haben. Entweder das ungläubige Staunen: *Schriftsteller? So ein nettes Hobby kann ja wohl einen anständigen, vernünftigen Beruf nicht ersetzen! Ist das ein Hochstapler, hat er reich geerbt oder hab ich irgendwas nicht mitbekommen?*

Oder besorgtes Mitleid: *O Gott, ein Verirrter, der sich für ein Genie hält, frühestens nach seinem Tod entdeckt wird und*

jetzt vermutlich so ärmlich dahinvegetiert wie einst Franz
Schubert. Sollte ich ihm ein Stück Brot zustecken? Die arme
Frau, die armen Kinder!

Dabei werden die Einkommensverhältnisse von Künstlern oft völlig falsch eingeschätzt. Den Leuten ist nicht klar, dass Schauspieler an Staatstheatern oft miserabel verdienen, während sogenannte Kleinkunst zu den bestbezahlten Berufen überhaupt gehört. Sie wissen nicht, dass die Musiker im Orchestergraben im Schnitt deutlich mehr verdienen als die Sänger auf der Bühne. Und sie ahnen nicht, dass der Comedian für seinen Fernsehauftritt wenig bis gar nichts bekommt, während er bei einem Kulturvereinsauftritt in der Provinz mehr verdient als sie selbst in einem ganzen Monat.

Sie wissen nur eins: Der Künstler hat keine feste, unbefristete, tariflich bezahlte, unkündbare Vollzeitstelle. Das kann aber auch ein Vorteil sein. Ein Hausmeister bekommt sein volles Gehalt, auch wenn sämtliche Schüler und Lehrer ihn für unfreundlich und unfähig halten und dem Zeitpunkt seiner Pensionierung entgegenfiebern, der leider noch Jahrzehnte entfernt ist. Beim Künstler ist dagegen die bloße Tatsache, dass er Geld verdient, ein Zeichen dafür, wie viele Menschen seine Arbeit schätzen, lieben oder bewundern. Ein tolles Gefühl. Und vielleicht auch der Grund dafür, dass ihn die ständige Skepsis und Sorge seiner festangestellten Mitbürger so nervt.

Natürlich gibt es im Leben des freiberuflichen Künstlers auch das Gegenteil: Misserfolge, Abstürze, Existenzangst. Das ist Teil dieses Lebens. Die scharfsinnige Frage »Haben Sie denn gar keine Existenzangst?«, die manchmal noch hinterher geschoben wird, kann deshalb nur mit einem freundlichen »Doch, klar!« beantwortet werden. »Immer wieder! Jetzt gerade, wo Sie mich fragen!« Sich davon nicht einschüchtern zu lassen – das ist die wahre Kunst.

MÜSSTE ICH SIE KENNEN?

*Im Zug. Ein älterer und ein jüngerer Herr einander gegen-
über im Großraumabteil. Draußen schneit es in dicken Flo-
cken.*

ÄLTERER HERR: Unglaublich, oder? Dass die Bahn überhaupt
noch fährt!

JÜNGERER MANN *(in seinen Laptop vertieft)*: Nicht mehr
lange. Bald wird sie stehenbleiben. Hab ich letztes Jahr erst
erlebt.

ÄLTERER HERR *(lacht)*: Ja ja ... Ich sehe, Sie fahren auch nach
Augsburg? Wohnen Sie dort?

JÜNGERER MANN: Nein, ich spiele dort heute Abend.

ÄLTERER HERR: Sie sind Schauspieler?

JÜNGERER MANN: Nein, Kabarettist. Ich spiele in der Kresslesmühle.

ÄLTERER HERR: Kenn ich! Kenn ich!

JÜNGERER MANN: Sie sind öfter dort?

ÄLTERER HERR: Nein, drin war ich noch nie. Aber ich kenn
die Plakate.

JÜNGERER MANN: Ach so.

ÄLTERER HERR: Sie sind also Kabarettist, ja?

JÜNGERER MANN: Genau.

ÄLTERER HERR: So wie dieser Volker Pispers? Den hab ich ja
letztens mal im Fernsehen gesehen. Köstlich!

JÜNGERER MANN: Ja, wirklich gut.

ÄLTERER HERR: Und Sie sind auch Kabarettist, ja? *(etwas
skeptisch)* Müsste ich Sie kennen?

JÜNGERER MANN: Nein, Sie müssen mich nicht kennen.

ÄLTERER HERR: Mmh. Ich frage mich gerade, ob ich Sie nicht letztens mal im Fernsehen gesehen habe ... da war jemand mit einer ähnlichen Frisur. Eine köstliche Nummer ... über Bahnhofsdurchsagen ... waren Sie das?

JÜNGERER MANN: Das war Florian Schröder. Ich bin so gut wie nie im Fernsehen.

ÄLTERER HERR: Nie im Fernsehen?

JÜNGERER MANN: Fast nie.

ÄLTERER HERR: Mmh. Kann man denn davon leben?

Wenn ein Kulturveranstalter drei Abos anbietet, Theater, Kammermusik und Kabarett, raten Sie mal, welches als Erstes ausverkauft ist und die anderen beiden finanziert? Kabarett. Es ist aktuell, witzig und temporeich. Was man über *Faust*, *Hamlet* und *Andorra* nicht behaupten kann. Und erst recht nicht über Bartóks späte Streichquartette. Es ist eine boomende Branche, die viel Nachwuchs anzieht, der sich bei den Wettbewerben um einen der 200 deutschen Kabarettpreise trifft: die Tuttlinger Krähe, die Lüdenscheider Lüsterklemme oder die St. Ingberter Kleinkunstpfanne. Sie kennen nicht mal den Preis. Wie sollten Sie da die Preisträger kennen?

Unbekanntheit ist kein Fluch. Kabarettisten können ihr gesamtes Leben als Geheimtipp verbringen. Und ausgezeichnet davon leben, auch wenn sie nie im Fernsehen auftreten und ausschließlich durch Schwaben, Franken oder den Ruhrpott tingeln. Es gibt Tausende von Kulturvereinen und Kleinkunstbühnen in Deutschland, und ist das nicht äußerst sympathisch? Engländern reicht es aus, sich in einem Pub bis zum Anschlag zu betrinken. Wir wollen vorher unbedingt noch ins Theater.

Ruhm ist relativ. Wie viele Metalbands kennen Sie? Wie viele Handballer? Wie viele Schachgroßmeister? Die Frage *Müsste ich Sie kennen?* ist nicht nur deswegen gemein, weil der

Fragende wahrscheinlich nur Dieter Nuhr kennt. Sondern auch, weil er an das Trauma dieses unbekannten Kabarettisten rührt, wieso Dieter Nuhr mit seiner Säuselstimme und den immergleichen Pointen (»der große Lebensphilosoph Micky Krause«) die O2-World füllt, während er immer noch in der Kresslesmühle in Augsburg spielen muss.

Also, wenn Sie im ICE nach Augsburg auf einen unbekannten Kabarettisten treffen, fragen Sie ihn einfach nach seiner Meinung zum EU-Beitritt der Türkei. Kabarettisten sind politisch exzellent informiert, haben pointierte Meinungen und sind auch im persönlichen Gespräch äußerst unterhaltsam. Mit Ausnahme von Dieter Nuhr. Wenn Sie den in der ersten Klasse treffen, bitte tun Sie mir den Gefallen: Fragen Sie ihn nach seinem Beruf. Und haken Sie dann nach: *Müsste ich Sie kennen?*

Fragen Sie niemals einen Romanautor:

WIE VIEL DAVON IST AUTOBIOGRAPHISCH?

Buchhandlung. Die Autorin ist soeben mit der Lesung aus ihrem neuen Roman fertig.
BUCHHÄNDLERIN: So, ich glaube, das war für uns alle sehr beeindruckend. Ich bin sicher, Frau Traumhoff-Krüger wird gleich im Anschluss noch Bücher signieren ... gibt es denn jetzt noch Fragen an die Autorin?
ZUHÖRERIN: Ja. Mich hat das alles sehr bewegt ... Und ich hatte den Roman ja auch schon vorher gelesen ... deshalb würde mich das besonders interessieren: Wie viel davon ist autobiographisch?

AUTORIN: Sie meinen, was davon ich selbst erlebt habe?

ZUHÖRERIN: Genau.

AUTORIN: Meinen Sie vor allem die Sexszene zu Beginn des zweiten Teils?

ZUHÖRERIN: Äh, nicht nur.

AUTORIN: Oder meinen Sie die Sexszene kurz vor Schluss?

ZUHÖRERIN *(errötet leicht)*. Ich meinte nicht nur diese ... Szenen ...

AUTORIN: Viele Frauen sprechen mich darauf an. Ich denke, jede Frau wird sich fragen, ob das physikalisch überhaupt möglich ist, was Mathew und Caroline da treiben.

BUCHHÄNDLERIN: Ich denke, das ist ja nur ein Nebenaspekt ...

AUTORIN: Nein, nein, das ist sicher ein wichtiger Grund dafür, dass das Buch so viele Leserinnen findet. Wissen Sie, ich selbst hatte immer schon Interesse an außergewöhnlichem Sex in außergewöhnlichen Situationen. Ich habe auch mit meinen jeweiligen Partnern immer viel rumexperimentiert ... vor allem mit meinem vorletzten Freund, mit Simon ...

ZUHÖRERIN AUS DER LETZTEN REIHE: Die Szene im Park geht also auf Erfahrungen mit Simon zurück?

AUTORIN: Nein, das war mein aktueller Freund, Greg. Simon wurde es irgendwann zu viel, ich weiß auch nicht, warum ...

ZUHÖRERIN AUS DER LETZTEN REIHE: Also, die Szene im Theaterfoyer, das war Greg?

AUTORIN: Nein, das war Mutlu, ein Kurde. Sehr experimentierfreudig. Ich hatte ihn bei mir um die Ecke in einem Bio-Supermarkt kennengelernt, und ...

BUCHHÄNDLERIN *(hastig dazwischengehend)*: Also wenn es jetzt keine weiteren Fragen gibt, wird Frau Traumhoff-Krüger jetzt sicherlich noch gerne Bücher signieren.

ZUHÖRERIN AUS DER LETZTEN REIHE: Also die Szene im Bettenladen – das war Mutlu?

Einige meiner Freunde schreiben Romane, und natürlich frage ich mich bei allen außergewöhnlichen und überraschenden Szenen, was davon autobiographisch ist. Ich gehe sogar sicher davon aus, dass sie autobiographisch sind, denn die besten Szenen kann man sich gar nicht ausdenken. Wenn es sehr enge Freunde sind, frage ich sie auch danach und bekomme die wahre Geschichte zu hören, die meistens noch viel lustiger ist als die aus dem Buch (»aber der Lektor meinte, Frauen mögen keinen Slapstick«). Oder viel trauriger (»aber der Verlag wollte auf jeden Fall ein Happy End«). Oder viel unglaublicher (»Hör mal, ein Türsteher mit Gewaltphobie, wer hätte mir das abgenommen?«). Aber wie gesagt: Gute Freunde. Nach vier Guiness. Nachts um zwei.

Dies ist aber die typische Lesungsfrage. Sie wird in öffentlichen Buchhandlungen oder Bibliotheken oder Literaturhäusern gestellt. Der Autor war so unvorsichtig, für viel zu wenig Geld vom anderen Ende der Republik anzureisen. Es sind zu wenig Leute gekommen, er ist frustriert und fragt sich, warum er nicht Informatiker geworden ist wie sein bester Freund, ob er vielleicht eine bessere Agentin braucht oder einen größeren Verlag oder eine coolere Website. Und dann kommt, wie auf Knopfdruck, als Erstes diese Frage.

Dabei ist sie wirklich unnütz, denn die Antwort ist doch klar: Der Autor ist nicht die Hauptfigur, wie die Leserin meistens vermutet, sondern die Summe aller seiner Figuren. Und das kann auch gar nicht anders sein, denn das Leben, das eigene Leben, ist der Rohstoff des Schreibens, wie Jörg Fauser gesagt hat (in seinem wunderbaren Buch *Rohstoff)*, und die Fiktion ist der Blickschutz des Autors – sonst hätte er keinen Roman, sondern eine Autobiographie geschrieben. Stellen Sie es sich so vor: Der Autor hat sich schon bis auf die Unterhose ausgezogen, und Sie bitten ihn, auch die noch abzulegen. Und weil der Autor möchte, dass Sie sein Buch kaufen, wird er freundlich bleiben. Auch Jörg Fauser blieb freundlich, als ihm genau diese Frage gestellt wurde nach seiner Lesung aus *Rohstoff* im Hamburger Literaturzentrum, obwohl das Buch damit losgeht, dass der Protagonist in Istanbul mit Heroin dealt.

Wer kann also die Situation retten? Der Veranstalter. »Ich glaube, die Frage nach dem autobiographischen Hintergrund überspringen wir einfach mal«, eröffnete die Buchhändlerin bei meiner allerersten Lesung in Bremen die Diskussion. »Gibt es denn sonst noch Fragen?« Das war elegant. Die Zuhörer waren perplex, und weitere Fragen hatten sie nicht, was ich wiederum enttäuschend fand. Hier eine Liste von Fragen, über die jeder Autor garantiert gerne und lange reden wird: An welchem Projekt arbeiten Sie gerade? Welches Buch hätten Sie gerne geschrieben? Was halten Sie von Ranickis Diktum, ein gutes Buch sei nie länger als 200 Seiten? Welcher Gegenwartsautor wird Ihrer Meinung nach am meisten unterschätzt? Welches Buch würden Sie gerne schreiben, wenn Marktüberlegungen überhaupt keine Rolle spielen würden? Ist die Welt eine Komödie oder eine Tragödie? Warum lesen Männer kaum noch Belletristik? Möchte das Publikum im Grunde nur Märchen lesen? Glauben Sie, dass alle Autoren mit ihren Büchern etwas beweisen möchten? Und was ist für Sie das beste Buch aller Zeiten?

Wissen Sie, was Sie erleben werden? Einen glücklichen Autor.

UND WIE LANGE
KANN MAN DAS MACHEN?

Auf einer Party. Ein junger Mann spricht eine junge Frau an.

JUNGER MANN: Ich habe gehört, du kommst aus Wien! Und was machst du hier?

JUNGE FRAU: Ich bin beim Ballett. Hab gerade eine Stelle bekommen.

JUNGER MANN: O du bist Balletttänzerin! Wow. Ganz schön anstrengend für den Körper, oder?

JUNGE FRAU *(munter)*: Das gehört zum Beruf dazu. Aber ich mach das ja, seit ich denken kann.

JUNGER MANN: Ich hab mal gehört, dass es total auf die Gelenke gehen soll ... und auf die Sehnen ... stimmt das?

JUNGE FRAU: Da muss man schon aufpassen, klar.

JUNGER MANN: Und dass die Füße ganz leicht kaputt gehen ... weil alles so künstlich überdehnt wird ... ist das richtig?

JUNGE FRAU *(leicht genervt)*: Na ja, die Biegsamkeit übt man ja von früh an.

JUNGER MANN: Und es soll auch tierisch auf den Rücken gehen ... ist da was dran?

JUNGE FRAU *(deutlich kühler)*: Es gibt bestimmt auch Tänzer mit Rückenproblemen.

JUNGER MANN: Na ja, ich hab gehört, die meisten Tänzer haben solche Probleme und Schmerzen ... die müssen dann irgendwann aufhören ... hast du gar keine Angst davor?

JUNGE FRAU: Ach, im Moment bin ich eigentlich total glücklich, dass ich die Stelle bekommen habe!

JUNGER MANN: Aber wie lange kann man das denn machen?

Ballett ist wie Profifußball. Nur viel brutaler. Das Training ist hammerhart, die Konkurrenz mörderisch. Die Lehrer sagen dir immerzu, dass du noch viel gnadenloser trainieren musst. Du musst mit vier anfangen, um mit 18 den ersten Job zu kriegen. Mit 22 bist du eigentlich schon zu alt fürs Vortanzen. Du kannst kein normales Leben führen: keine Franzbrötchen, keine Schokolade, kein Bier, keine Partys, keine Alcopops. Kein Gramm zu viel. Du musst jeden Tag trainieren, mehrere Stunden. Und dein Körper kann dich jederzeit im Stich lassen: die Zehen, die Füße, die Beine, der Rücken. Länger als bis 35 oder 40 hält keiner die übermenschliche Belastung durch. Die meisten Balletttänzer hören irgendwann auf, weil sie die Schmerzen nicht mehr aushalten. Der Schmerz besiegt den Willen. Und dann kommt irgendeine dahergelaufene Sofakartoffel mit Speckröllchen und fragt eine Tänzerin, die es geschafft hat, in einem Staatstheater zu tanzen, eine professionelle Tanzkünstlerin: *Und wie lange kann man das machen?* Aaaaargh!

Fragen Sie mal einen Fußballer nach der Befriedigung, den Ball mit einem Weitschuss im Netz zu versenken. Fragen Sie einen Boxer nach dem Gefühl, den Gegner k.o. zu schlagen. Und fragen Sie mal einen Tänzer, warum er tanzt. Tanzen macht süchtig, es hebt die Schwerkraft auf, der Tänzer verliert sich in der Bewegung. Es ist ein unglaubliches Gefühl.

Und gerade weil Tanzen so zutiefst glücklich macht, besteht das Rätsel doch gar nicht darin, dass jemand hauptberuflich tanzt, sondern darin, dass die meisten von uns gar nicht mehr tanzen. In der ganzen Welt haben die Menschen seit Anbeginn der Zeit zu besonderen Anlässen getanzt: Geburt, Initiation, Hochzeit, Ernte, Jahreswechsel. Und wir? Wir schalten den Fernseher ein oder gehen ins Ballett oder zu Riverdance und schauen zu. Das ist aber nicht dasselbe. 90 Prozent der Diskussionen über Work-Life-Balance, Zeitmanagement und Burn-out könnten wir uns vermutlich sparen, wenn wir wieder so viel tanzen würden wie unsere Vorfahren.

So einfach ist das. Und so schwer. In Wirklichkeit werden die Lord-of-the-Dance-, Irish-Dance- und African-Dance-Shows immer gigantischer, während es kaum noch unter Achtzigjährige gibt, die Rumba und Wiener Walzer beherrschen.

Bewundern wir also weiterhin professionell hochgezüchtete Tänzer. Werden wir gelb vor Neid. Und rächen uns mit der scheinbar harmlosen Frage: *Wie lange kann man das denn machen?*

Fragen Sie niemals einen Zauberer:

UND WIE GEHT DER TRICK?

Auf einer Messe. Ein Zauberer hat gerade einen Trick mit Geldscheinen vorgeführt. Großer Applaus. Die Menge hat sich verlaufen, ein einzelner Geschäftsmann tritt an den Stand.

GESCHÄFTSMANN: Ich hab das eben beobachtet. Darf ich Ihnen was sagen?

ZAUBERER: Klar.

GESCHÄFTSMANN *(leiser)*: Ich hab ganz genau hingeschaut. Ich hab mich total drauf konzentriert. Aber ich hab trotzdem nicht mitbekommen, wo der Trick war.

ZAUBERER: Danke.

GESCHÄFTSMANN: Sagen Sie doch mal – wie geht der Trick?

ZAUBERER: Es gibt keinen Trick. Das ist Magie.

GESCHÄFTSMANN: Kommen Sie. Sie können doch nicht die Geldscheine zerschneiden, und nachher sind sie wieder ganz.

ZAUBERER: Zauberei!

GESCHÄFTSMANN: Haben Sie alles im Ärmel?

ZAUBERER: Berufsgeheimnis.

GESCHÄFTSMANN: Aha. Also im Ärmel ... sagen Sie, was machen Sie eigentlich beruflich?

ZAUBERER: Ich bin Zauberer.

GESCHÄFTSMANN: Ja, das habe ich gesehen. Ich meinte, was Sie beruflich machen!

ZAUBERER: Ich bin Zauberer.

GESCHÄFTSMANN: Hm. Aber Sie machen das hauptsächlich mit Kindern?

ZAUBERER: Man könnte das so ausdrücken. Ich verwandele Erwachsene in Kinder.

GESCHÄFTSMANN: Sie machen was?

Es gibt zwei Sorten von Menschen: Magier und Nicht-Magier. Die Magier werden chronisch unterschätzt. Und das gleich in drei Hinsichten: technisch, moralisch und ökonomisch.

Beginnen wir mit der Technik. Zaubern besteht aus dem Anwenden von Tricks. Die Kunst besteht darin, sich einen guten Trick auszudenken. Ein guter Trick besteht darin, dass man ihn nicht erkennt und nicht drauf kommt. Eine erfolgreiche Täuschung. Die Idee der meisten Zuschauer, durch »genaues Hingucken« auf den Trick zu kommen, ist sehr, sehr naiv. Ich bin mit meinem jüngeren Sohn mal einen Zauberkasten mit 36 Tricks durchgegangen. Wenn man einen Trick erklärt bekommt, ist er ernüchternd simpel. Aber ohne Erklärung kommt man nicht drauf. Selbst wenn der Zauberer ein zehnjähriger Junge ist und der Zauberkasten nur 9,99 Euro gekostet hat.

Genau deshalb gibt es einen Ehrenkodex unter Magiern: Niemals den Trick verraten. Und deshalb werden Sie den Trick nicht erfahren, indem Sie den Zauberer fragen. Es gibt nur einen Weg: selbst Zauberer werden. Aber möchten Sie das? Den Rest ihres Lebens auf das wohlige Staunen, Erschauern und Das-kann-doch-nicht-wahr-sein-Gefühl verzichten?

Das Einmalige am Zaubern ist: Die Suggestion funktioniert bei kleinen Kindern und Weltkriegsveteranen, bei CDU-Wählern und Gewerkschaftsfunktionären, bei Feministinnen und Topmanagern, bei chinesischen Diplomaten und spanischen Fußballspielern. Finden Sie mal irgendeine Musikrichtung oder Komiksorte, mit der Sie diese acht Zielgruppen glücklich machen können. Bekommen Sie eine Vorstellung davon, warum Zauberer so gerne für alle Arten von Shows und Events gebucht werden? Sie haben keine Ahnung, wie viele Tagungen, Kongresse, Jubiläumsfeiern, Preisverleihungen und Benefizveranstaltungen jeden Tag überall in Deutschland stattfinden und unerbittlich mit einem Buffet und kulturellem Beiprogramm ausgestattet werden müssen. Vermutlich können sehr viel mehr Magier von ihrer Kunst leben als Rockmusiker. Rockmusiker spielen auf Stadtfesten zwei Stunden vor zehn Betrunkenen für null Euro. Magier spielen zehn Minuten vor zweihundert Managern für eine Gage, mit der ganze Stadtfeste finanziert werden.

Unterschätzen Sie den Zauberer nicht. Weder seine Tricks, noch seine Diskretion, noch sein Einkommen. Adorno sagte: »Kunst ist Magie, befreit von der Lüge, Wahrheit zu sein«. Magie dagegen ist die Kunst, die offensichtliche Lüge als Wahrheit erscheinen zu lassen. Und das ist eine verdammt hohe Kunst. Denn dafür benötigen Zauberer dasselbe wie Broker und Pokerspieler: Nerven aus Stahl. Bis zu einem gewissen Grad kann man das trainieren, so wie die Tricks. Aber unentwegt freundlich zu bleiben gegenüber Kunden, denen man am liebsten eine reinhauen würde – dazu braucht es wirklich magische Kräfte.

Fragen Sie niemals einen Tourneekünstler:

IST DIESES TOUREN NICHT WAHNSINNIG ANSTRENGEND?

Am CD-Stand nach einem Chanson-Konzert. Ein älterer Herr lässt sich von der Sängerin eine CD signieren.

ÄLTERER HERR: Schreiben Sie doch bitte: Für Carl. Mit C.

SÄNGERIN: Für Carl. Okay.

ÄLTERER HERR: Sagen Sie, ich sehe das hier auf dem Tourplan: Gestern Böblingen, heute Stuttgart, morgen Freiburg. Ist dieses Tourleben nicht wahnsinnig anstrengend?

SÄNGERIN: Ach wissen Sie, unsere Vorfahren vor 10.000 Jahren sind zwanzig Kilometer am Tag gelaufen. Ich glaube, der Mensch ist von Natur aus Nomade.

ÄLTERER HERR: Ah ja ... aber dieses Leben aus dem Koffer, ist das nicht irre mühsam?

SÄNGERIN: Koffer sind mir zu schwer. Alles, was ich brauche, passt in meine Handtasche.

ÄLTERER HERR: In die kleine Handtasche da?

SÄNGERIN: Kleiner Scherz. Haben Sie die drei Trucks da draußen gesehen? Die transportieren meine komplette Wohnung. Die wird in jedem Spielort komplett nachgebaut, damit ich mich überall so richtig zuhause fühle.

ÄLTERER HERR: Nachgebaut? Wie denn?

SÄNGERIN: Es gibt skandinavische Fertighäuser, die man in drei Stunden zusammenbauen kann. Eins davon ist im vierten Truck.

ÄLTERER HERR: Im Ernst?

SÄNGERIN *(lacht)*: Kleiner Scherz. Mein Pianist und ich schlafen im Zelt. So sparen wir uns die teuren Hotelkosten.

ÄLTERER HERR: Im Zelt – bei den Temperaturen?

SÄNGERIN: Keine Sorge. Das sind superleichte Hypothermo-schlafsäcke. Mit denen könnten wir auf dem Nanga Parbat übernachten.

ÄLTERER HERR: Also, ich hatte mir das Tourleben immer anders vorgestellt ... Ist das nicht trotzdem total anstrengend?

Das ist eine ähnliche Frage wie *Schläft er schon durch?* Ich war 14 Jahre auf Tour. Es ist schön – und sehr anstrengend. Und noch anstrengender ist es, sich glaubwürdige Antworten auszu-denken, die das Problem überzeugend kleinreden: »Alles nicht so schlimm – ich bin gern von zuhause weg! Die Kinder freuen sich auch, wenn sie mich tagelang nicht sehen. Und meine Frau erst!«

Ich habe gehört, dass es Künstler geben soll, die dafür schwärmen, immer unterwegs zu sein. Begegnet bin ich noch keinem. Alle lieben es, auf der Bühne zu stehen. Aber Deutsche Bahn? Stau auf der A1? Hotel Adler? Raucherzimmer? Sächsi-sche Taxifahrer ohne Ortskenntnisse? Endloser Soundcheck? Tee in Kaffeethermoskannen? Sagen wir so: Das ist nicht der Grund, warum man das Ganze macht. Wenn es ginge, würde man notfalls auch darauf verzichten. George Clooney steht auch nicht gerne acht Stunden mit vollem Kostüm und Make-up am Filmset rum, weil die das Licht nicht eingerichtet kriegen. Würde man darüber jammern? Nein. Möchte man danach gefragt werden? Möglicherweise. Aber nur von den Menschen, mit denen man üblicherweise seine Sorgen bespricht. Sind das die eigenen Fans? Nein!!!

Und vor allem: Was ist denn die Alternative? Das Leben im Reihenendhaus? Anthropologen sagen, dass unsere großen Probleme erst in dem Moment anfingen, als wir sesshaft wur-den.

Und überlegen Sie nur mal ganz kurz: Mit wem möchten Sie sich auf einer Party lieber unterhalten – mit dem Weltreisenden oder mit dem Kleingärtner?

Fragen Sie niemals einen Schauspieler:

WIE KANN MAN SICH DAS BLOSS ALLES MERKEN? KANNST DU AUF KNOPFDRUCK WEINEN?

Mann und Frau in einem Café bei ihrem ersten Date. Sie haben sich auf einer Internetsinglebörse kennengelernt.

MANN: Und sag mal, was machst du denn jetzt eigentlich beruflich? Das hast du mir ja die ganze Zeit erfolgreich verheimlicht!

FRAU: Oh, ganz einfach. Ich bin Schauspielerin.

MANN: Wow. Schauspielerin! Das heißt, du musst dir diese ganzen langen Rollen merken! Das hab ich immer schon bewundert. Wie kann man sich das bloß alles merken?

FRAU: Das wird total überschätzt. Am Theater gibt's 'ne Souffleuse. Im Fernsehen den Teleprompter. Und beim Film muss man sich ja nur ganz kurze Szenen merken. Und selbst das muss nicht sein. Man spricht, was man behalten hat, den Rest improvisiert man. Was glaubst du, warum Hans Albers immer so versonnen in die Ferne gesehen hat, mit seinen tiefblauen Augen?

MANN: Keine Ahnung.

FRAU: Da stand der Regieassistent und hat die Texttafeln hochgehalten!

MANN: Ach. Kannst du denn auch auf Knopfdruck weinen?

FRAU: Weinen? *(schluchzt)* Das ist ja das Problem! *(heult los)* Das krieg und krieg ich einfach nicht hin! Wie ich's auch versuche! *(weint hemmungslos)* Deshalb wird es ja auch nichts mit meiner Karriere!

MANN *(sieht sich um, ob man nicht zu sehr auffällt)*: O Gott, du Arme. Das ist aber auch schwierig ...

FRAU *(schluchzend)*: Ja ... *(schnäuzt sich theatralisch)* Entschuldigung.

MANN: Schauspielerin. Spannend ... Kannst du mir denn mal was vorspielen?

FRAU: Vorspielen? *(heult laut los)*: Wie soll ich dir denn was vorspielen, wenn ich mir nicht mal einen Text merken kann!!

Es ist zum Verzweifeln. Warum müssen Standardfragen immer so dämlich sein? Natürlich müssen Schauspieler Text lernen können. Manchmal sogar sehr, sehr viel Text (Hamlet). Aber auch Sänger müssen viel Text lernen plus die Melodie. Pianisten müssen unglaublich viel auswendig lernen. Ungleich mehr, ungleich abstrakter. (Ich habe mal versucht, Schönbergs Opus 11 auswendig zu lernen, es war pure Quälerei.) Medizinstudenten müssen für ihr Examen 20.000 Seiten auswendig lernen. Fragt jemand danach? Nein, es ist ja auch reine Fleißarbeit. Wer das erstaunlich findet, sollte vielleicht lieber darüber staunen, warum er selbst nicht mehr aus seinen 20 Billionen Gehirnzellen herausholt. Sondern sie im Wesentlichen brachliegen lässt.

Ich gebe zu, ich finde an diesem Beruf, an dieser Kunstform ganz andere Dinge erstaunlich. Der Maler hat den Pinsel, der Fotograf die Kamera, der Pianist das Klavier. Was hat der Schauspieler? Nur sich selbst. Seine Fähigkeit kann man nicht sehen. Und deshalb kann im Prinzip auch jeder behaupten, er könne schauspielern. So wird der Schauspielerberuf zum idealen Tummelplatz für Betrüger und Pseudo-Künstler. In Oper, Musical, Kabarett, Comedy und Vorabendserien treffen wir auf unglaubliche viele narzisstisch Veranlagte, die nur so tun, als wären sie Schauspieler, aber leider über die nötige Technik gar nicht verfügen und uns damit den Abend versauen. Man wird niemals auf einen Pianisten treffen, der nur so tut, als könnte er Klavierspielen. Auch Geiger oder Tänzer können ihre Fähigkeit nicht vortäuschen. Nur Schauspieler können das. Denken Sie an Veronika Ferres, Ulrich Tukur und Heino Ferch. Oder an Hayden Christensen als Anakin Skywalker in *Star Wars,* Episode II und III. Ich bin der Meinung, diese Leute können überhaupt nicht schauspielern. Aber beweisen kann ich es leider nicht.

Übrigens ein Thema, über das auch Schauspieler wahnsinnig gerne reden. Niemand lästert so gnadenlos und brutal über Kollegen wie diese Berufsgruppe. Wenn Sie also auf einen Schauspieler treffen, überspringen Sie die Standardfragen und fragen Sie ihn umstandslos nach dem überschätztesten Schauspieler unserer Zeit. Er wird sich in einen Rausch hineinreden und Sie ununterbrochen zum Lachen bringen. Sie werden sich in ihn verlieben, und wenn Sie möchten, lassen Sie sich einfach fallen und verführen. Aber wenn Sie selbst auch gerne mal im Mittelpunkt stehen, wenn Sie auf Treue, Empathie, Verlässlichkeit, Balkonpflanzen und Großeltern besuchen stehen – lassen Sie es lieber. Und überhaupt – haben Sie Lust, dass Ihr Partner beim Sex seine Rolle repetiert? Das ist verdammt viel Text!

SCHLÄFST DU SCHON?
Die 18 allerdämlichsten Fragen

ER: **Wie siehst du denn aus?**
SIE: **Äh, ich war beim Friseur. Wieso?**

Die folgenden Fragen sind so blöd, dass sie wirklich einen eigenen Abschnitt verdienen. Es handelt sich um absolute No-Gos, und für den Fall, dass sie doch noch mal jemand bringt, sollte man eine Fußballtröte dabeihaben, mit der man dem anderen ins Ohr bläst. Als Warnung, Strafe und Mahnung.

1. Darf ich Sie mal was fragen?
Nein, dürfen Sie nicht. Und nun? Es macht keinen Sinn, um Erlaubnis für etwas zu bitten, das man gerade schon tut! Für mich der Prototyp der unnützen Frage, und ich wollte erst das ganze Buch so nennen. Leider ist diese Absurdität so weit verbreitet, dass sie vielen nicht einmal mehr auffällt, gemäß meinem Lieblingszitat von Bert Brecht: »Dummheit macht sich unsichtbar, indem sie sich ins Unendliche ausdehnt.«

2. Schläfst du schon?
Nicht einschlafen können ist grausam. Aber noch wichtiger: Schlaf ist heilig! Wehe, Sie wecken Ihren Partner noch mal mit der Frage, ob er oder sie schon schlafe, nur um nicht alleine wach liegen zu müssen!

3. Echt?
Und dazu noch große Augen machen. Sagen Sie doch einfach »Wow!« oder »Das überrascht mich jetzt aber« oder »Alter Schwede!«. Auf »Echt?« kann man leider nur mit einem blöden Berliner Spruch wie »Nee, unecht!« antworten.

4. Haben Sie mich verstanden?
Woher soll der andere das wissen, hmm? Was haben Sie davon, wenn er ja sagt – und wie wollen Sie das überprüfen? Erst denken, dann fragen!

5. Wie viele Zentimeter sind denn noch dran?
Fragen manche Kunden ihren Friseur nach dem Haarschnitt. Wenn Sie nicht gerade einen Overall-3-Millimeter-Schnitt haben, leider nicht zu beantworten.

6. Können Sie vielleicht mal Danke sagen?
Fragt die zickige Fußgängerin, die man als Fahrradfahrer gerade gaaaaaaanz vorsichtig überholt hat. Auf dem Fußweg. Weil es nämlich gar keinen Fahrradweg gibt, Lady – ist Ihnen das mal aufgefallen????

7. Willst du jetzt darüber diskutieren?
Fragt der Lehrer den Schüler, der ihm eine unbequeme Frage gestellt hat. Nein, der Schüler möchte nicht diskutieren. Er möchte einfach eine Antwort!

8. Bist du das?
JAAAA! Har har har ..., sagt das Monster, das nachts durch die Tür kommt.

9. Kann ich bezahlen?
Hoffentlich!

10. Können Sie den Leserbrief bitte ungekürzt abdrucken?
Hahahahahahahahahahahahaha! Gegenfragen: Was glauben Sie, wie viele Briefe wir zu dem Thema bekommen haben? Was glauben Sie, wie viele Briefe mit identischem Inhalt wir zu dem Thema bekommen haben? Und was glauben Sie, wie viele Briefe mit identischem Inhalt wir zu dem Thema bekommen haben, die mit genau diesem Satz enden?

11. Sag mal, hast du zugelegt?

Oder auch: Mensch, hast du zugenommen? Es gibt wirklich Leute, die einen so begrüßen. Und einen damit erst ins Grübeln bringen *(Äh, hab ich wirklich zugenommen? Oder bin ich heute so unvorteilhaft angezogen?)* und dann locker den Rest des Tages versauen *(Ich muss irre zugenommen haben, wenn mich selbst solche entfernten Bekannten darauf ansprechen! Wie ging noch mal diese Diät, die mir Bernd empfohlen hat? Die nächsten zehn Tage verzichte ich jedenfalls aufs Frühstück. Und aufs Abendessen.).*

12. Darf ich ganz ehrlich sein?

Oder auch: *Darf ich offen sprechen?* Nein, auf keinen Fall. Denn mir ist es lieber, wenn ich von allen Mitmenschen belogen, beschwindelt, umschleimt und mit billigem Trost abgespeist werde!

13. Und wie läuft dein neues Buch?

Methode, um Autoren zu quälen, deren Buch es nicht in die berühmte Liste geschafft hat. Erstens weiß man es nicht, zweitens möchte man es nicht wissen, drittens kann man daran nichts ändern, und viertens: Ist es nicht eigentlich viel interessanter, was in dem Buch überhaupt drinsteht?

14. Ist die Anfahrtspauschale wirklich so hoch?

Tut mir leid, aber das hätten Sie vorher fragen müssen. Handwerker sind schlimmer als Biber oder Termiten. Wussten Sie das nicht?

15. Wie siehst du denn aus?

Bedeutet eigentlich: *Deine neue Frisur / deine neue G-Star-Jeans / deine gefärbten Augenbrauen sehen echt scheiße aus!*

Nur noch mit dem beleidigenden Zusatzgedanken: *Ich staune wirklich, dass du selbst nicht bemerkst, wie grottig du aussiehst. Jeder Kretin sieht das auf Anhieb!*

16. *Wann sind wir da?*

Waren Sie mal mit Kindern im Urlaub? So viele Clownsnasen, Quizfragen und Drei-Fragezeichen-Kassetten können Sie gar nicht mitnehmen, dass Sie an dieser Frage nicht zugrunde gehen. Kinder haben ein anderes Zeitempfinden als wir, und auch ein anderes Empfinden für Häufigkeit. Sie können sich die Kassette *Die drei ???* und der geheimnisvolle Dillschneider achtzigmal hintereinander anhören. Und genauso oft können sie diese Frage stellen in den 45 Minuten, die die Kassette läuft. Da hilft nur das Ausloben großzügiger Belohnungen.

17. *Weißt du, was ich gerade gehört habe?*

Nee, weiß ich nicht. Woher auch? Aber zum Glück wirst du es mir gleich erzählen!!

18. *Sind die Locken echt?*

Ganz wichtig – so haben es mir Lockenträger und -trägerinnen berichtet: Dabei schon mit den Fingern in die gelockten Haare einer möglichst fremden Person fassen. Erstens fühlt sich das einfach gut an. Und zweitens kann man dann auch mit den eigenen Fingerspitzensensoren überprüfen, ob die hilflose Ausrede, die das gelockte Gegenüber gleich bringen wird, auch stimmt. Daher muss das Wort *Fingerspitzengefühl* kommen.

Merken Sie sich diesen Katalog der blödesten Fragen. Ich werde nämlich eine neue, große soziale Protestbewegung anführen – gegen unnütze, unüberlegte und absurde Fragen. Wir brauchen den Verfassungszusatz: »Jeder Mensch hat das unveräußerliche Recht, im Staatsgebiet der Bundesrepublik von sinnlosen, beleidigenden, indiskreten oder sonst wie dämlichen Fragen verschont zu bleiben.« Und eine neue Vorschrift im Strafgesetzbuch: »Wer vorsätzlich oder fahrlässig oder aus reiner Gedankenlosigkeit blöde Fragen stellt oder verbreitet oder sonst wie in Umlauf bringt oder deren Verbreitung begünstigt, ermöglicht oder verharmlost, wird mit Frageverbot nicht unter zwei Jahren bestraft.« Wenn dann jemand fragt: »Was genau ist denn eine blöde Frage?« – reichen Sie ihm einfach lächelnd dieses Buch.

INDISKRETE BELEIDIGUNGEN
Kurze Theorie der blöden Frage

Wer einen Esel besucht, sollte nicht über Ohren sprechen.
(Aus Jamaika)

Natürlich gibt es weit mehr unnütze Fragen, als ich hier vorgestellt habe. Es gibt unendlich viele. Sie richten sich an Fremde und Freunde, an Bekannte und Unbekannte, an Geschäftspartner und Geliebte. Sie alle haben eines gemeinsam: Sie zwingen denjenigen, dem man sie stellt, entweder unhöflich oder unehrlich zu antworten. »Geht Sie das was an?«, »Jedenfalls größer als du!« oder »Hab ich doch gerade gesagt!« wären ehrlich, aber unhöflich. »Nein, du bist gertenschlank!«, »Natürlich liebe ich dich noch!« oder »Wir kommen euch wahnsinnig gern auf eurem ungeheizten Resthof im nördlichen Sauerland besuchen!« wären höflich, aber gelogen. Und weil man weder gerne lügt noch gerne unhöflich wird, versucht man es meist mit Ausweichen: Unverständliches brabbeln, unbestimmte Geräusche von sich geben, räuspern, schnäuzen, husten, einen Kaffee bestellen, das Thema wechseln. Aber das ist auch nicht immer gut. Manchmal ist es sogar schädlich. Je nach Typ erfordern blöde Fragen ganz unterschiedliche Reaktionen. Hier die elf wichtigsten Typen und wie man sie am besten pariert:

Die überflüssige Frage
Der Protoyp ist: »Echt?« Diese Frage kann man immer stellen – aber auch immer weglassen. »Kann man das studieren?« oder »Kann man davon leben?« sind ebenfalls genau das: überflüssige Fragen. Denn gerade vorher hatte der andere einem ja gesagt, dass er Blockflöte studiert oder Maler ist. Nicht als Hobby, sondern als Studienfach oder Beruf.
Beste Reaktion: Nicken und Lächeln.

Die indiskrete Frage
Typisches Beispiel: »Möchtest du gar keine Kinder?« Klingt harmlos, ist es aber nicht. Die ehrliche Antwort wäre möglicherweise die Schilderung eines Lebensdramas. Vielleicht auch

nicht – man kann es nicht wissen. Wenn man aber fürs Lebens-
drama nicht der geeignete Gesprächspartner ist, sollte man das
Thema lieber weiträumig umfahren. Genauso indiskret ist die
Frage nach Berufsgeheimnissen (»Wie geht der Trick?«) oder
Vertragsgeheimnissen (»Und was verdienst du da so?« – »Und
was kostet die Wohnung?«)
Beste Reaktion: Nuscheln, räuspern, Thema wechseln.

Die pseudo-besorgte Frage

Klassiker sind »Schläft er schon durch?« oder »Wie lange kann
man das eigentlich machen?« Unter dem Vorwand der Anteilnahme nötigt man den anderen, einem seine Probleme anzu-
vertrauen. Ob sich dahinter bloß Neugier oder Schadenfreude
verbirgt oder eine Mischung aus beidem, wird man nie erfahren.
Muss man aber auch nicht.
Beste Reaktion: Den anderen dreist anlügen. »Er schläft schon
seit der ersten Nacht durch, ist doch klar! Wieso, gibt es Babys,
die nicht durchschlafen?«

Die beleidigende Frage

Oft trifft es Einwanderer: »Wo haben Sie nur so gut Deutsch
gelernt?« oder »Sind bei euch alle so arm?« Natürlich sollte
es einem egal sein, Vorurteile sollte man einfach nur weglä-
cheln, und irgendwie meint der andere es ja nur gut. Aber
stellen Sie sich vor, eine Frau macht Ihnen das Kompliment:
»Wo haben Sie nur diese guten Tischmanieren her? Sie sind
doch Handwerker, oder?« Handwerker können nicht mit
Messer und Gabel umgehen – nicht mal mehr eine subtile
Beleidigung. Einen verzweifelt sein Portemonnaie Suchenden
zu fragen, ob er schon in seiner Jackentasche nachgeschaut
habe, lässt auch durchblicken, dass man ihn für reichlich
unterbelichtet hält.

Beste Reaktion: Naive Gegenfrage. »Und wo haben Sie so gut Deutsch gelernt?«

Die pseudo-lustige Frage

Nervig, aber harmlos. Den Schotten nach seinem Rock zu fragen ist zwar nicht witzig, aber auch nicht bösartig. Im Grunde ist es eine intellektuelle Kapitulationserklärung: Ich wollte witzig sein, aber etwas Lustigeres ist mir partout nicht eingefallen.

Beste Reaktion: Leise stöhnen, durchatmen, lächeln, die Konversation beenden. Von diesem Gesprächspartner sind keine großartigen Geistesblitze mehr zu erwarten.

Die unehrliche Frage

Gibt es in zwei Varianten. »Liebst du mich eigentlich noch?« ist eigentlich die Bitte: »Komm, mach mir mal wieder eine tolle Liebeserklärung!« Und »Willst du nicht aufstehen?« ist die verlogene Weichei-Version von »Aufstehen!« Es ist nichts Schlimmes daran, jemandem eine Anweisung zu geben – erst recht nicht, um etwas zu bitten. Unehrliche Fragen sind überflüssig. Seien sie da ganz streng mit sich.

Beste Reaktion: Mit gerülpster Monsterstimme NEIN! sagen.

Die ahnungslose Frage

Darunter fallen zum Beispiel die Fragen nach der besten Geldanlage und der effektivsten Bauchmuskelübung. Man definiert sich selbst als ahnungslosen Trottel und macht den anderen zum magischen Wächter, der einem das Tor zur Welt der Weisheit öffnen möge. Leider gibt es weder Tor noch Schlüssel noch Torhüter.

Beste Reaktion: Loslachen.

Die bedrängende Frage

Dazu gehört der Klassiker »Darf's ein bisschen mehr sein?«, aber auch das leutselige »Wollt ihr uns nicht mal besuchen kommen?« und das pseudo-harmlose »Kannst du dir das mal eben angucken?« Man will etwas vom anderen und nutzt dafür knallhart dessen Höflichkeit aus.

Beste Reaktion: Höflich ablehnen und sich klar machen, dass nicht die Ablehnung unhöflich ist, sondern die Frage selbst.

Die dumme Frage

Lange Haare machen viel Arbeit. Nur wenige Physiker haben etwas mit Atombomben zu tun. Tontechniker kennen die Funktion ihrer Knöpfe. Und wenn man Zwillinge hat, wird man wohl beide stillen oder keinen. Manche Fragen sind so dumm, dass selbst mit unterdurchschnittlichem Verstand gesegnete Zeitgenossen sie nicht hätten stellen müssen, wenn sie eine halbe Sekunde nachgedacht hätten.

Beste Reaktion: Das Offensichtliche stoisch leugnen. Es sei denn, der Fragesteller ist die amerikanische Einwanderungsbehörde.

Schlimme Fragen

Die Pflegerin eines körperlich und geistig schwerbehinderten Kindes zu fragen: »Lohnt sich das denn, dieser ganze Aufwand?«, oder ein Prüfgelopfer zu fragen: »Aber haben Sie sich denn auch genügend gewehrt?« – das ist einfach nur bitter.

Beste Reaktion: »Sag mal, bist du noch ganz frisch?«

Die Wiederholungsfrage

»Wie groß sind Sie?« – »Wann ist es denn so weit?« – »Was darfst du denn überhaupt noch essen?« Manche Fragen werden erst durch ihre andauernde Wiederholung zum Nervenkiller.

Beste Reaktion: Nein, schlucken Sie Ihren Ärger nicht runter und geben Sie nicht Ihre übliche Standardantwort. Seien Sie einfach für einen Moment ehrlich und sagen Sie: »Wissen Sie was, das bin ich heute schon zehnmal gefragt worden. Können Sie sich vorstellen, dass ich langsam mal über was anderes reden möchte?« Der andere wird sich erst erschrecken, dann ein bisschen schämen, und dann daraus lernen. Jedenfalls wird er Sie nicht hassen, sondern verstehen. Das verspreche ich Ihnen.

Wenn Sie allerdings der Meinung sind, so eine Frage sei indiskret, dann sagen Sie auch das. Ganz freundlich: »Darüber möchte ich gar nicht reden« oder »Das möchte ich lieber für mich behalten.«

Die chinesische Wasserfolter wird erst zu Ende gehen, wenn die arglosen Frager eines Tages begreifen, was sie da tun.

OFFEN. SITUATIV. PERSÖNLICH.

Die Kunst des gelungenen Gesprächs

»Rede mit jeder Frau, als würde sie dich lieben, und mit jedem Mann, als würde er dich langweilen.«
Oscar Wilde

Als ich meinen Freunden erzählte, dass ich für mein Unnütze-Fragen-Buch ein Kapitel über die Kunst des gelungenen Gesprächs schreiben würde, haben sie mich erst angeguckt wie einen Alien. Und sich dann kaputtgelacht. Stellen Sie sich also bitte nicht vor, der Autor dieser Zeilen sei ein empathisch nachfragender Zuhörer, ein umsichtig formulierender Kritiker, ein ausgewogener Moderator und sich kurz fassender Erzähler. Das muss auch gar nicht so sein. Schon Michel de Montaigne stellte fest, dass wir sehr gute Ratgeber sein können, auch wenn wir selbst im Leben alles falsch machen. Umgekehrt: Wenn ich in Gesprächen mit Fremden, Freunden und Kollegen schon alles falsch mache, sollten Sie es wenigstens richtig machen. Und das ist auch gar nicht so schwer, wenn Sie folgende zehn Tipps beherzigen:

1. Wir sind kein sehr kommunikatives Volk. Wir haben Mühe, mit mürrisch dreinblickenden Fremden ins Gespräch zu kommen. Dennoch oder gerade deswegen ist es viel einfacher, als Sie glauben. Vermeiden Sie stereotype Standardfragen (»Öfter hier?« – »Schöne Haare! Machen die viel Arbeit?«), versuchen Sie aber auch keineswegs, möglichst originell zu sein (»Haben Sie den Rock der Kellnerin gesehen? Er erinnert mich an ein Frühwerk von Kandinsky«). Suchen Sie einfach Blickkontakt und stellen Sie beispielsweise fest, dass der Zug schon wieder eine halbe Stunde verspätet ist. Schon sind Sie im Gespräch. Oder machen Sie es wie die Engländer: Reden Sie übers Wetter. »What a lovely day today!« ist dort die Standardformel, um einen kleinen Plausch mit einem Fremden zu beginnen.

2. Das Gespräch ist die Sphäre der Freiheit. Weder lassen Gespräche sich erzwingen, noch das Gelingen von Gesprächen. Besonders schöne, reiche oder berühmte Menschen wollen oft einfach nur in Ruhe gelassen werden. Weder durch das Stellen aufdringlicher Fragen, noch durch hemmungsloses Zutexten

werden Sie irgendetwas erreichen. Manche Menschen lassen sich nur erschweigen.

3. Erinnern Sie sich an Momo? Warum gingen alle Leute aus der Stadt zu ihr? Weil sie zuhören konnte. Das ist die Essenz jedes Gesprächs. Versuchen Sie nicht, ihr Gegenüber durch endloses Faseln, Witz, Bildung, Statussymbole oder Erfolgsgeschichten zu beeindrucken. Es ist hundertmal beeindruckender, wenn Ihr Gegenüber Sie nachher googelt und sieht, dass Sie den Büchnerpreis von letzter Woche nicht mal erwähnt haben.

4. Spannend wird es immer, wenn jemand beginnt, aus seinem Leben zu erzählen. Dazu müssen Sie ihn bringen, und das gelingt am besten, wenn Sie irgendeine offene, ehrlich interessierte Anfangsfrage stellen – und den anderen dann reden lassen. Versuchen Sie, zwischendurch nicht zu simsen, zu telefonieren, Mails zu checken oder Doodle Jump zu spielen.

5. Unterbrechen Sie nur, um nachzufragen. Suchen Sie nicht nach Stichworten, um eigene Geschichten zum Besten zu geben. Ihre eigenen Geschichten kennen Sie schon, die vom anderen noch nicht. Während der andere erzählt, entspannen Sie sich. Klopfen Sie keine Salsa-Rhythmen mit dem Fuß auf den Boden oder mit den Fingern auf den Tisch.

6. Auch Streitgespräche können etwas Wunderbares sein und sind eine bei uns vollends unterentwickelte Kunst. Sagen Sie dem anderen möglichst klar und einfach, worin Ihre Meinung besteht, wovon Sie überzeugt sind und was Sie zu wissen glauben. Nachdem Sie Ihr Argument vorgebracht haben, unterbrechen Sie sich und fragen den anderen, was er davon hält. Hören Sie ihm zu und versuchen Sie, sein Gegenargument zu verstehen. Mein Philosophieprofessor sagte immer: Es bringt nichts, das Argument des anderen schwach zu machen. Im Gegenteil: Mach es möglichst stark, und widerlege es dann in seiner stärksten Form, sonst hast du dich selbst betrogen.

7. Das Kompliment ist eine bei uns fast ausgestorbene Kunst. Das merkt man erst, wenn man eine Weile in Polen gelebt hat. Wir alle brauchen Komplimente. Vor allem über unsere neue Brille und unsere neuen Schuhe, aber auch über unsere neue Freundin oder unseren süßen Säugling. Sie werden erstaunt sein, wie viel Glück Sie damit in die Welt bringen. Und wie viel Leben in ein Gespräch. Unter drei Bedingungen: Bleiben Sie ehrlich, erwähnen Sie möglichst viele Details, und stellen Sie den anderen nicht auf einen Sockel, denn dann wird er das Gefühl haben, dass Sie ihn gar nicht sehen (»Wie können Sie das nur alles auswendig lernen! Das könnte ich nie!« – »Sie sind Mathematiker? Oh, das ist ja unglaublich kompliziert!«).

8. Sie können sehr viele Punkte sammeln, indem Sie auch Chefärzte, Fußballprofis und Starschauspieler wie ganz gewöhnliche Mitbürger behandeln. Und einen Hochwüchsigen das ganze Gespräch über nicht auf seine Größe ansprechen. Verfallen Sie nicht in einen Ausfragemodus, nur weil Sie erfahren haben, dass Ihr Gegenüber Dirigent oder Basketballer ist. Niemand möchte verhört werden.

9. Bitten Sie Ihren Gesprächspartner um einen persönlichen Ratschlag (»Kann man wieder Pyjama mit V-Aussschnitt tragen?«), um Konsum-Tipps (»Ich möchte endlich mal wieder einen richtig guten No-Budget-Splatter-Movie sehen – haben Sie da eine Empfehlung?«) oder seine Meinung zu etwas (»Was können wir für die japanischen Geiseln in Nordkorea tun?«). Er wird begeistert sein.

10. Beenden Sie das Gespräch rechtzeitig und von sich aus, bevor es zerfasert oder abdriftet. Und zwar nicht, indem Sie schnell wegrennen, wenn der andere sich gerade schnäuzt, sondern indem Sie sich freundlich verabschieden, weil Sie noch etwas anderes vorhaben. Der andere wird so perplex sein, dass er Sie umgehend um Ihre Mail-Adresse bitten wird.

Kluge und überraschende Fragen sind das Elixier jedes gelingenden Gesprächs. Sie sind viel wichtiger als kluge Antworten. Sie hallen nach. Aber wenn Ihnen keine kluge Frage einfällt, ist auch schon viel gewonnen, wenn Sie zumindest unnütze Fragen vermeiden. Wie Sie das hinbekommen, ohne immer wieder in diesem Buch nachzublättern, verrate ich Ihnen im allerletzten Abschnitt. Und begrüße dazu erst mal die eiligen Leser, die einfach direkt zum Ende dieses Buchs vorgeblättert haben.

KURZE ZUSAMMENFASSUNG FÜR EILIGE LESER

Konversation machen: Zwei oder mehr Leute tun so, als hörten sie einander zu.
Georg Christoph Lichtenberg

Sie sind CEO der Volkswagen AG, Kanzleramtschef oder Hauptakteur der TV-Sendung *Kochen mit Lanz*? Sie haben in Ihrem Jahreszeitbudget nur fünf Minuten für Bücherlesen einkalkuliert, und eine Minute davon ist eben schon beim Durchblättern der neuen Autobiographien von Helmut Schmidt, Giovanni di Lorenzo und Klaus Augenthaler draufgegangen? Dann reicht es auch, wenn Sie dieses allerletzte Kapitel lesen. Sie verpassen zwar die enorm komischen Passagen über genervte Risikosportler und gedemütigte Zahnärzte, Sie werden auch nie erfahren, mit welcher Frage Sie Julia Roberts ins Bett quatschen können und wie Sie Ihre Mitreisenden dazu bringen, die lustigste Geschichte Ihres Lebens zu erzählen. Aber was soll's, Sie haben eh nichts zu lachen. Dafür müssen Ihre Untergebenen immerzu große Heiterkeit simulieren, sobald Sie auch nur den Mund aufmachen. Das kann auch sehr unterhaltsam sein.

Sie sind bescheiden und anspruchsvoll zugleich: Sie möchten einfach nie wieder unnütze Fragen stellen. Sehr gut. Ich gratuliere Ihnen. Gemeinsam können wir es schaffen. Halten Sie sich einfach an die folgenden sechs Regeln. Schneiden Sie diese Regeln aus, vergrößern Sie sie, hängen Sie sie an den Kühlschrank und singen Sie sie auf dem Fahrrad vor sich hin. Ach so, Sie fahren natürlich kein Fahrrad. Dann singen Sie die Regeln auf der Rückbank Ihres fabrikneuen, von Joschka Fischer beworbenen BMW-Elektroautos Ihrem Chauffeur ins Ohr, das geht auch.

1. Stellen Sie niemals eine Frage, deren Antwort Sie schon wissen – es sei denn, Sie sind Lehrer. (*Wann hast du mir eigentlich das letzte Mal Blumen mitgebracht?*)

2. Stellen Sie niemals eine Frage, deren Antwort den anderen in Verlegenheit bringen könnte – es sei denn, Sie sind Kom-

missar oder Staatsanwalt. (*Wem gehört diese Bluse hier in deinem Koffer?*)

3. Stellen Sie niemals eine Frage, deren Antwort Sie gar nicht wissen wollen – es sei denn, Sie wollen eine Beziehung beenden. (*Bin ich eigentlich ein guter Liebhaber?*)

4. Stellen Sie niemals eine Frage, wenn Sie eigentlich eine Anweisung geben wollen – es sei denn, Sie wollen Ihre Autorität untergraben. (*Möchtest du jetzt vielleicht Hausaufgaben machen?*)

5. Stellen Sie niemals eine Frage, auf die es offensichtlich nur eine oder gar keine Antwort gibt – es sei denn, Sie wollen sich als Dummkopf outen. (*Echt?*)

6. Stellen Sie niemals eine Frage, die Sie nur selbst beantworten können – es sei denn, Sie wollen als hilfloses Lämmchen dastehen. (*Soll ich diese quietschgrüne Schlaghose hier nehmen?*)

Alle anderen Fragen sollten Sie stellen! Und zwar unbedingt, sofort und ohne zu zögern. Wie heißt es in China: »Wer fragt, ist ein Narr für fünf Minuten. Wer nicht fragt, bleibt ein Narr für immer.«

Und wenn Sie umgekehrt als Hochwüchsiger, Kinderreicher, Waldorfschüler, Einwanderer, Zwillingsmutter, Arzt, Schauspieler, Blockflötist, Soziologe, Fitnesstrainer, Zauberer, Fallschirmspringer, Glutenallergiker, Tontechniker, Schriftsteller oder Langhaariger zu denen gehören, die ihr Leben lang unter denselben blöden Fragen leiden: Lesen Sie Seneca. Atmen Sie tief ein und aus. Benutzen Sie Ohrstöpsel. Verschenken Sie möglichst häufig dieses Buch. Besorgen Sie sich einen Punching-Ball. Lernen Sie kickboxen. Kehren Sie zum Mainstream zurück. Wandern Sie aus. Werden Sie Hypnotiseur. Erringen Sie die politische Macht und ...

Moment, da kommt wieder einer. Er guckt schon so. In diesem Moment aktiviert sich in seinem Hirn die Synapse, Sie sehen es an seinem Gesichtsausdruck, gleich wird er den Mund aufmachen und seine Frage stellen, die unvermeidliche Frage, die Sie immer gestellt bekommmen. Sie werden ihn nicht daran hindern können, so grimmig Sie ihn jetzt auch fixieren. Sie können seine Gedanken lesen, aber er nicht die Ihren. Er ist nicht zu stoppen, keine Chance, Ihnen bleibt nur die Kapitulation.

Wie heißt es in Nigeria? »Ein guter Tag für den Adler ist kein guter Tag für das Huhn.«

DANKSAGUNG

Für Ihre freimütigen Auskünfte über die unnützen Fragen, unter denen sie leiden, danke ich Nina Arrowsmith, Tonguc Baykurt, Dr. Cornelia Behnke, Daniel Bielenstein, Pauline Bouteleux, Gabriele Witt, Ingvar Buldmann, Dr. Angela Büttner, Maria Celeusa, Nicolai de Coudres, Klaus Demmer, Dr. Tanja Eisenblätter, Katie Freudenschuss, Jan Havermann, Jonas Hauke, Stefan Faust, Thomas Frankenfeld, Henry Holland, Sabine Huttel, Axel Krohn, Cheryl Kang, Lars Haider, Dankmar Lauter, Ljuba Markova, Miriam Marotzki, Sanna Nyman, Jan Melzer, Marcin Oleś, Mike Schlimm, Julia und Jakob Sieg, Sebastian Schnoy, Irena Stojanova, Hella Trantow, Melanie Wassink, Gesa Weiss, Hilde aus Hollland und den unzähligen anderen, deren Namen ich jetzt nicht mehr weiß. Axel danke ich für die wundervollen Sprichwörter, vor allem die aus Afrika. Ich danke Julia Sterthoff vom Herder Verlag für die ausführlichen Diskussionen und die vielen Anregungen und Einwände. Die Verantwortung für die Mängel des Buches verbleibt selbstverständlich bei mir.

Mein besonderer Dank geht an Arja Sharma, die mich immer wieder mit neuen Ideen und blöden Fragen versorgt hat. Ich hoffe, das Buch ist so gut geworden, wie Du es Dir gewünscht hast.